当代经管实战案例精选丛书

孙志梅 编著

会计准则发展动态及案例分析

Development Trends of Accounting Standard and Case Analysis

东北财经大学出版社
Dongbei University of Finance & Economics Press
大连

图书在版编目（CIP）数据

会计准则发展动态及案例分析 / 孙志梅编著． —大连 ： 东北财经大学出版社，
2024.12． —（当代经管实战案例精选丛书）．—ISBN 978-7-5654-5447-9

Ⅰ．F233.2

中国国家版本馆CIP数据核字第2024WK3610号

东北财经大学出版社出版发行

大连市黑石礁尖山街217号　邮政编码　116025

网　　　址：http∥www.dufep.cn

读者信箱：dufep@dufe.edu.cn

大连东泰彩印技术开发有限公司印刷

幅面尺寸：170mm×240mm　字数：223千字　印张：15　插页：1
2024年12月第1版　　　　2024年12月第1次印刷
责任编辑：王　丽　周　慧　责任校对：一　心
封面设计：张智波　　　　版式设计：原　皓
定价：79.00元

教学支持　售后服务　联系电话：（0411）84710309
版权所有　侵权必究　举报电话：（0411）84710523
如有印装质量问题，请联系营销部：（0411）84710711

目录

1　准则篇

　　会计是一种通用的商业语言，通过财务报告向相关利益主体提供决策有用信息。财务报告就是会计信息系统的产成品，如同产品的生产需要遵循一定的标准（如行业标准、国家标准、国际标准）一样，会计信息的生成也需要遵循特定的标准，这个特定的标准就是会计准则或制度。

　　某一国家适用的准则通常称为公认会计原则（Generally Accepted Accounting Principle，GAAP）。目前世界范围内最具影响力的两套准则体系分别是国际财务报告准则（International Financial Reporting Standards，IFRS）和美国通用会计原则（US GAAP）。国际财务报告准则的前身是国际会计准则（International Accounting Standards，IAS），后续表述时不加严格区分。我国上市公司执行的是企业会计准则（Accounting Standards for Business Enterprise，ASBE），并在持续的国际趋同中不断修订。

　　会计准则的制定需要一定的理论基础，其背后遵循的基本理念、内在逻辑和理论框架称为概念框架。我国虽然没有发布财务报告概念框架，但是在我国的准则体系中，基本准则指导具体准则的制定，基本准则发挥着概念框架的作用。国际财务报告概念框架在 2018 年发生了较大的变动，本篇以"准则"为主题，首先介绍国际财务报告概念框架的最新变化，提出对我国基本准则修订的启示，进而结合我国近年来准则的修订情况，诠释我国在会计准则发展道路上的持续趋同之势。

1.1 基本准则与财务报告概念框架

从世界范围内来看，无论是国际财务报告准则还是美国通用会计原则，两套准则体系都有完整的概念框架，用以指导具体准则的制定。我国虽然没有概念框架，但是我国的基本准则现阶段相当于国际上的概念框架（葛家澍，2006）。2018 年国际财务报告概念框架作出了修订。本专题的核心是在追溯国际财务报告概念框架的历史沿革的基础上，阐述其最新的修订理念和变化之处。

1.1.1 财务报告概念框架的含义及作用

1）财务报告概念框架的含义

概念框架是由一系列具有内在逻辑的目标、原则及基本概念等构成的体系，对财务会计的基本概念作出界定，为准则制定提供理论依据和概念基础。内容通常包括财务报告的目标、会计信息的质量特征、财务报表的要素、报表要素的确认与计量等。

财务报告概念框架是一套把目标和相关联的基本概念联结起来的固有体系，是用来指导并评价会计准则的基本理论框架。目前各国和国际会计准则委员会都已经建立了财务报告概念框架，但是具体称谓和应用程度不同，美国称为"财务会计概念公告"（Statements of Financial Accounting Concepts，SFACs），强调其"用来指导准则符合一致性原则"；英国称为"财务报告原则公告"（Statement of Principles for Financial Reporting，SP），强调为制定和评价会计准则提供"参考"和"帮助"；澳大利亚称为"会计概念公告"（Statement of Accounting Concepts，SAC），更强调框架与实务的紧密联系；加拿大称为"财务报表概念"（Financial Statement Concepts，FSC），主要用于帮助建立会计和报告的准则。国际会计准则委员会则以更现实和发展的眼光审视概念框架，其制定的具有概念框架性质的文件称为"编报财务报表的框架"（1989年版）、"财务报告概念框架"（2010年版、2018年版）。

关于财务会计概念框架的法律地位，主要有以美国为代表的模式和以澳大利亚为代表的模式。前一种模式下，概念框架仅仅提供理论支持，并不对实务提供指导，法律地位较低，不具有约束力；后一种模式下，概念框架直接指导会计实务，具有法律权威，约束力较强。两种模式究竟孰优孰劣，还没有形成一个定论，但国际上的趋势是渐渐向第二种模式靠拢。安然事件之后，《萨班斯-奥克斯利法案》促使美国的会计准则制定从规则导向转向目标导向。在这样的背景下，美国证券交易委员会建议对公认会计原则的级次进行重新排列，将概念框架文件提到具体会计准则之前，作为公认会计原则的第一级次（美国证券交易委员会SEC，2003），从而增强了概念框架的权威性。FASB（美国财务会计准则委员会）也同意SEC的建议：消除GAAP级次的不同层次，使概念框架更加突出（FASB，2004）。因此，增强概念框架的权威性，提高其法律地位是国际上未来发展的方向（舒惠好、黎文靖，2004）。

美国的财务会计概念公告常被各国作为制定各自的概念框架的典范，FASB和IASB曾开展了关于概念框架的合作项目研究，最终的目标是在两个机构各自概念框架的基础上建立一个统一的概念体系。2005年2月，双方同意以分阶段的方式开展研究，并细分了几个由先到后的研究阶段。关于财务报告的目标，2005年4月在召开的联合会议上，双方均认为财务报告应从企业实体的角度进行编报，不应仅仅只为目前的股东提供信息，而应为更广泛的信息使用者提供信息，应该为那些缺乏获取信息能力的外部信息使用者提供有关企业的信息，而企业管理层及有能力获得相应信息的外部信息使用者的信息需要则不在概念框架的考虑范围之内（周伟，2005）。

美国的财务会计概念框架先后发布了8项财务会计概念公告。第1号"企业财务报告的目标"（Objectives of Financial Reporting by Business Enterprises）发布于1918年11月，第2号"会计信息质量特征"

（Qualitative Characteristics of Accounting Information）发布于1980年5月，第3号"企业财务报表的要素"（Elements of Financial Statements of Business Enterprises）发布于1980年12月，第4号"非企业组织财务报告的目标"（Objectives of Financial Reporting by Nonbusiness Organizations）发布于1980年12月，第5号"企业财务报表的确认和计量"（Recognition and Measurement in Financial Statements of Business Enterprises）发布于1984年12月，第6号"财务报表的要素"（Elements of Financial Statements）发布于1985年12月，第7号"会计计量中现金流量信息和现值的使用"（Using Cash Flow Information and Present Value in Accounting Measurements）发布于2000年2月，第8号"财务报告概念框架"（Conceptual Framework for Financial Reporting）系与国际会计准则委员会合作开发。其中第1号、第2号已经被第8号所取代，第3号已经被第6号所取代。

2）财务报告概念框架的定位

随着会计准则的发展，各国在会计准则制定过程中呈现出这样一种趋势，即普遍关注会计准则制定的理论基础和内在逻辑问题，目的在于克服传统的财务会计理论侧重于描述性，缺乏一套首尾一贯的理论框架，与会计准则相关的一些会计规定之间出现不一致，甚至相互抵触，从而导致会计实务的混乱。

会计概念是会计准则的重要构成要素，但不是会计准则实体的组成部分；从本质上看，框架本身不是准则，关于这一点，西方会计准则制订机构和IASC都有非常明确的界定。譬如，IASC在其《编报财务报表的概念框架》的引言第二段中就开宗明义地指出："本框架不是一份国际会计准则，因此它不为任何特定的计量和报告问题确定标准，本框架的任何内容均不取代国际会计准则。"FASB在其《概念框架的说明》中也指出："概念公告不像准则公告，概念框架不要求成为公认会计原则。财务会计概念公告没有建立描述特定项目或事项的会计程序或披露实务，而这些是由财务会计准则公告发布的。"ASB在其《财务报告原则公告》中指出："财务报告原则公告制定了一些原则，作为编制和呈报通用目的的财务报表的基础……原则公告不是会计准则，不具有与准则相同的地位。"

因此，概念框架不是规范会计实务的准则，而是用于规范会计准则的理论，是会计准则的理论基础，是会计理论的一部分。

3）财务报告概念框架的作用

财务报告概念框架，实际上是对传统会计理论研究的一个发展（葛家澍，2001）。作为指导会计准则的理论基础，财务报告概念框架具有相对稳定和普遍适用的特点；概念框架对会计准则中尚没有规定的实务可以作出原则性的规范和指导，因而具有一定的预见性和可扩展性；概念框架作为规范理论研究的范畴，从会计学中基础的概念出发，通过对这些概念的讨论和界定，找出概念之间的相互关系和内在规律性，其形成是一个演绎推理的过程，所以具有相当的逻辑严密性，是从一个概念推导出另一个概念，而不是单纯地罗列和堆砌。

从功能上看，一般认为会计概念框架是"构成新的会计惯例和评价旧的会计惯例基础的理论原理体系"。从理论上讲，通过对概念框架的研究，逐步确立了会计准则制定的科学化思想，并使现有的会计理论研究更加系统化。

美国财务会计概念公告（Statement of Financial Accounting Concept，SFAC）第2号对财务会计概念框架做了如下表述：概念框架是一个由内在相关的目标和基本原则组成的连贯系统，这个系统能够产生有序的准则，并规定了财务会计与报告的性质、功能和局限性。人们期望它能够通过提供财务会计与报告的结构和方向为公众利益服务，并有助于提供有用的财务信息及其他信息供公众作出决策，使得资本市场和其他市场有效分配稀缺资源。概念框架明确目标、阐明基本概念，目标和概念本身不能解决财务会计与报告问题，但却为解决问题提供了工具。财务会计概念公告并不针对特定交易或事项规定会计程序或者披露要求，这些将由FASB作为财务会计准则发布。系列公告描述了基本概念及其相关关系，构成了未来财务会计准则与实务的基础，并且有助于评价现有准则与实务。

1982年，财务会计准则委员会（Financial Accounting Standards Board，FASB）时任主席唐纳德·柯克认为，"有了概念框架，会计准则的制定就有了方向。否则，它们的制定将是缓慢的。如果缺乏概念框架，势必招致外界集团的批评，比如指责会计准则的发展是毫无目标与宗旨的，或者说，只有以概念框架为指导，将来的会计准则才能以更为合理和一致的方式制定"。Solomns也曾说"准则制定机构在制定会计准则时如果没有概念框架，就像立法机关在制定法律时没有宪法一样"。

FASB在其研究成果中认为，概念框架主要在以下方面发挥重要作用：（1）它能够为会计准则制定机构在制定和评估会计准则时提供指南，以保证会计准则的一贯性和系统性；（2）在缺乏权威文件的情况下，它能够为人们分析新的或正在出现的财务会计和报告问题提供参考依据；（3）在编制财务信息时，它能够为会计人员进行职业判断提供理论依据；（4）它能够促进会计准则的一贯性与会计实务的合理性，可以提高财务报表的可比性，促进使用者对财务报表的理解并增强使用者信息的质量。

此外，概念框架还有助于节省准则制定成本，提高准则制定效率。根据美国会计学者罗伯特·N.安东尼的调查研究，1979年4月至1985年12月期间，FASB共发布了63份公告和44份解释，其中有28处引用了概念框架的研究成果，概念框架的运用为FASB节约了准则制定时间。而且，会计准则的制定过程在一定意义上也是一个政治过程，借助既已制定的概念框架可以有效地抵制其他利益集团对制定会计准则的干涉，更好地体现"公众利益"。就这个意义上而言，概念框架起到了一种"借口"的作用。Slomons曾指出："假如FASB能够表明其准则源于一套内在一致和看似合理的概念，它将大为增强财务报表的可信度，我不知道还有什么更好的途径可以缓解会计界易受政治压力攻击的情况。"

1.1.2　国际财务报告概念框架历史沿革及修订

与美国会计准则类似，国际会计准则的制定也是在国际财务报告概念框架的指导下进行的。以下将回顾国际财务报告概念框架的发展历程，并介绍其基本内容。

1）国际财务报告概念框架的历史沿革

1989年国际会计准则委员会发布"财务报表编制与列报框架"

（Framework for the Preparation and Presentation of Financial Statements），内容包括基本假设、财务报表要素、财务报表要素的确认、财务报表要素的计量、资本与资本保全观念。

2004 年 IASB 与 FASB 开发概念框架联合项目，2010 年完成联合项目的第一阶段，提出了"通用目的财务报告的目标""有用财务信息质量特征"两章，其余 1989 年版框架未变。后该项目搁浅，2012 年国际会计准则理事会重启概念框架项目，决定制定一套完整的概念框架，而不是分若干阶段。2018 年 3 月 29 日，国际会计准则理事会发布了修订完成的《财务报告概念框架》（Conceptual Framework for Financial Reporting）（以下简称"2018 年版概念框架"）。从 1989 年版到 2010 年版、2018 年版，概念框架不断完善，不仅名称发生了变化，结构及理念也在发生变化。

【小贴士】　　国际会计准则与国际财务报告准则的区分

国际会计准则（International Accounting Standards，IAS）的制定机构为国际会计准则委员会（International Accounting Standards Committee，IASC）。2001 年，国际会计准则委员会改组为国际会计准则理事会（International Accounting Standards Board，IASB），之后发布的准则称为国际财务报告准则（International Financial Reporting Standards Board，IFRS）。可见，2001 年是一个分水岭，伴随着准则制定机构的变化，发布的准则名称也发生了变化。至今，国际会计准则包括第 1 号至第 41 号，但并非全部有效，国际财务报告准则包括第 1 号至第 17 号。

高质量的财务信息是资本市场的血液。国际会计准则理事会旨在制定一套高质量的世界范围内普遍认可的准则，并实现如下三个目标：通过提高会计信息的质量和可比性以有助于投资者和其他使用者作出经济决策，从而提高资本市场的透明度；通过降低资本提供者与使用者之间的信息不对称，更有助于受托责任的反映，同时对于加强监管也具有重要意义；高质量的准则有助于投资者识别世界范围内的机会与风险，有助于资本在全球的流动，降低报告成本，改善资本配置，提高经济效率。

2）国际财务报告概念框架的内容

2010 年 IASB 与 FASB 联合发布了概念框架，包括四章。第一章为

"通用目的财务报告的目标"，第二章为"报告主体"（当时尚未发布），第三章为"有用财务信息的质量特征"，第四章为原1989年版概念框架的内容，包括基本假设、财务报表要素、财务报表要素的确认、财务报表要素的计量、资本与资本保全观念。

通用目的财务报告的目标是提供报告主体相关的信息，以有助于现有和潜在的投资者、借贷者与其他债权人作出向主体提供资源的决策。因此，信息应该是"决策有用"的。使用者需要的信息包括主体的经济资源（即资产）、对主体的要求权（即负债和所有者权益）及经济资源的变化和对主体要求权的变化。

有用财务信息的质量特征包括两个层次：基本质量特征与强化质量特征。基本质量特征包括相关性（relevance）、如实反映（faithful representation）；强化质量特征包括可比性（comparability）、可验证性（verifiability）、及时性（timeliness）、可理解性（understandability）。

相关性与如实反映是对财务信息具备质量的基本要求。相关性要求信息能够影响使用者的决策，如果一项信息具有预测价值（predicitive value）、反馈价值（confirmatory value），就会对使用者决策产生影响。如实反映，要求用文字和数字反映经济现象，并且不仅反映相关经济现象，更要如实反映经济现象。

为了保证财务信息的质量，同一时期内某一主体的财务信息与其他主体的财务信息应该是可比的，同一主体不同时期的财务信息也应该是可比的，即可比性包括横向可比和纵向可比两个层面的要求。不同的使用者能够对特定信息是否如实反映达成一致，即信息应该具有可验证性，可验证性可以确保信息如实反映经济现象。及时性要求信息及时提供给使用者，及时的信息会影响使用者的决策，通常滞后的信息缺乏有用性。可理解性要求信息应该以清晰、简洁的方式加以分类、描述和列示。

基本假设包括持续经营和权责发生制（accrual basis）。会计处理时，通常假设企业可以持续经营下去，在可预见的未来没有意愿也没有必要发生清算或大规模削减业务。交易或事项应按照权责发生制处理，权利取得或义务发生时确认收入或费用，而不论是否收取款项或支付款项。相应地，财务报表就是权责发生制的结果。

财务报表要素包括财务状况表的要素和综合收益表的要素，即反映财务状况的要素和反映经营成果的要素，包括资产（asset）、负债（liability）、权益（equity）、收益（income）、费用（expense）。资产是由过去的事项引起的经济资源，由企业拥有或控制，预期会导致经济利益流入企业。负债是由过去的事项引起的现时义务，预期会导致经济利益流出企业。权益是企业总资产扣减所有负债后的剩余权益。收益是一定时期内与所有者向企业投资无关的经济利益的流入，表现为资产增加或（和）负债减少，最终导致权益的增加。费用是一定时期内与向所有者分配利润无关的经济利益的流出，表现为资产减少或（和）负债增加，最终导致权益的减少。

关于财务报表要素的确认，概念框架提出了明确的要求。对于资产和负债而言，除了满足定义外，还必须满足确认条件：一是未来经济利益很可能流入或流出企业，即强调经济利益流入或流出企业的可能性程度需要达到"很可能"，二是成本能够可靠计量，强调"可计量"。所以，只有当未来经济利益很可能流入企业且成本或价值能够可靠计量时，才确认一项资产。只有当为清偿现时义务而导致的经济利益很可能流出企业且清偿金额能够可靠计量时，才确认一项负债。并且，概念框架对收益和费用的确认采取的是资产负债表法。收益是资产的增加或负债的减少，费用是负债的增加或资产的减少。所以，收益和费用的确认是基于资产和负债的变化，这种方法称为资产负债表法。

关于财务报表要素的计量，概念框架指出计量是一个确定财务报表要素以怎样的金额进入报表的过程，其中包括计量基础的选择。原概念框架列出了四种计量基础：历史成本、现行成本、可变现价值和现值。历史成本（historical cost）计量属性下，资产按照取得时所支付的现金、现金等价物或所付出的对价的公允价值计量，负债按照义务产生时收到的款项或未来清偿义务时所需支付的现金或现金等价物的金额计量；现行成本（current cost）计量属性下，资产按照当前取得相同资产所需支付的现金或现金等价物的金额计量，负债按照当前偿付时所需支付的现金或现金等价物的未折现金额计量；可变现价值（realizable value/

settlement value）计量属性下，资产按照有序处置中出售所收到的现金或现金等价物的金额计量，负债按照清偿价值计量，也就是按照正常业务活动中偿还负债预期所需支付的现金或现金等价物的金额计量；现值（present value）计量属性下，资产按照正常业务活动中预期未来现金流入量的折现金额计量，负债按照正常业务活动当中预期偿还时未来现金流出量的折现金额计量。可见，四种计量属性是从不同角度对资产和负债的计量。历史成本和现行成本是从"投入"的角度叙述的，可变现价值和现值是从"产出"的角度叙述的；历史成本着眼于过去的时点，现行成本着眼于现在的时点；现行成本是未折现的金额，现值是折现的金额。

概念框架还对资本和资本保全概念作出了规定，并将资本区分为财务资本（financial concept of capital）和实物资本（physical concept of capital）两个不同的层次。概念框架指出多数主体在编制财务报表时都会采用"财务资本"这一概念，财务资本，诸如投入的货币或投入的购买力，是主体净资产，与权益含义相同。实物资本，类似运营能力，被视为企业每日产出所基于的生产能力。主体对资本概念的选择应考虑财务报表的使用者，如果使用者主要关心所投入资本或所投入资本的购买力，则应使用财务资本概念，如果使用者主要关心运营能力，则应使用实物资本概念。所选择的资本概念表明了利润确定时所要达到的目标，尽管概念运用时存在一些计量上的困难。相应地，不同的资本概念衍生出不同的资本保全概念及利润确定方法。如果在扣除向所有者的分配和所有者的出资后，净资产的期末余额（按照名义货币或不变购买力来计量）超过期初余额则意味着实现了财务资本保全。只有在扣除向所有者的分配和所有者的出资后，主体期末的生产能力超过期初的生产能力，才表明实现了实物资本保全。此外，不同的资本保全概念也会对计量基础的选择具有不同要求。实物资本保全要求使用现行成本作为计量基础，而财务资本保全并不要求选择某一特定的计量基础。

3）国际财务报告概念框架的最新修订

国际会计准则理事会于 2018 年发布了最新修订的财务报告概念框架，最终形成了完整的概念框架。相比 1989 年版、2010 年版，2018 年版概念框架发生了较大的变化。

2018年版概念框架体系较为完整，共包括如下八章内容：第一章"通用目的财务报告的目标"、第二章"有用财务信息的质量特征"、第三章"财务报表与报告主体"、第四章"财务报表要素"、第五章"确认与终止确认"、第六章"计量"、第七章"列示与披露"、第八章"资本与资本保全概念"。

上述八章内容中，第一章和第二章基于2010年版框架加以修订形成，第三章、第七章以及第五章的"终止确认"部分为2018年版框架新增内容；第四章、第六章、第八章以及第五章的"确认"部分基于1989年版框架加以修订形成。

4）国际财务报告概念框架的主要变化

2010年版概念框架以一个较长的清单列举阐述了概念框架的目的，2018年版概念框架简化了该清单，将其概括为三个主要用途：帮助理事会基于统一的概念制定国际财务报告准则；帮助财务报表编制者在缺乏具体准则适用时，或具体准则允许会计政策选择时，应用概念框架制定一致的会计政策；帮助所有相关方理解和解释国际财务报告准则。以下对2018年版概念框架的主要修订变化之处加以阐释。

（1）财务报告目标中重新引入"受托责任（stewardship）"术语

2018年版概念框架中将财务报告目标定义为向使用者提供财务信息，有助于其作出向主体提供资源的决策。使用者的决策包括买卖或持有权益工具和债务工具，提供或清偿贷款等。为作出上述决策，使用者评价管理层对主体经济资源的受托责任与评价主体预期未来现金流量同等重要，因此，使用者需要能够反映管理层如何有效率和有效果地履行其使用主体经济资源的责任的信息。因此，对管理层受托责任的评价在财务报告目标中得以重申。

（2）有用财务信息的质量特征中重申谨慎性与如实反映的关系

财务信息只有符合一定的质量要求，才能实现决策有用性。质量特征区分为两个层次：基本质量特征和强化质量特征。基本质量特征指相关性和如实反映。强化质量特征包括可比性、可验证性、及时性和可理解性。信息能够导致使用者作出不同的决策，则信息具有相关性，且相关性要求信息具有预测价值和反馈价值。

修订后的第二章在"如实反映"这一质量特征下澄清了谨慎性、计量不确定性和实质重于形式在评价信息是否有用时的作用。新概念框架强调合理估计是财务报告的重要组成部分，如果估计可以被清晰描述和准确解释，则不会妨碍信息的有用性。如实反映要求如实反映经济现象的实质，应当尽可能完整（complete）、中立（netural）和无误（free from error），完整意味着包含使用者理解所描述现象所必需的全部信息，中立意味着不偏不倚，谨慎行事，不允许高估资产和收益、低估负债和费用，以做到如实反映。

其中，对于"审慎"有了新的定义。审慎性的运用，是指不高估资产或收益，不低估负债或费用，同样地也不允许低估资产或收益，高估负债或费用。与原概念框架相比，新概念框架中对于审慎的理解是一种全面的理解，是依据如实反映而形成的一种如实表达。

此外，新概念框架中强调了"重要性"对于财务信息列报的意义。通用目的财务报告提供了关于特定报告主体的财务信息，如果省略或错误地报告某项信息会影响报告使用者基于这些报告作出的决策，那么这项信息就具有重要性。

（3）新增"财务报表与报告主体"一章

第三章"财务报表与报告主体"是2018年版概念框架的新增章节。财务报表是对主体财务状况和财务业绩的结构性表述。财务报表的目标是提供有助于广大使用者进行经济决策的有关主体财务状况、财务业绩和现金流量的信息。财务报表还反映主体管理层对受托资源受托责任履行的成果。上述表述突出了与第二章财务报告目标定位的一致性。

报告主体，是指被要求，或选择编报财务报表的主体。报告主体可以是单个主体，或主体的一部分，或者包含多个主体。报告主体不需要是一个法律主体。如果报告主体包含了两个或多个并非全为母子公司关系的主体，则该报告主体的财务报表称为"汇总财务报表（combined financial statements）"。

（4）财务报表要素的定义发生较大变化

国际财务报告概念框架下，财务报表要素包括五个，即资产、负债、权益、收益、费用。2018年版概念框架中介绍了财务报表要素的新定义。对于资产，新概念框架中不再强调经济利益流入，将资产定义为"因过去事项形成的、由主体控制的现时经济资源"，并对经济资源进行了单独的定义，认为经济资源是指有能力产生经济利益的权利，突出对权利的强调。同样地，负债定义中也删除了"预期经济利益流出"的表述，强调负债是由过去事项导致的、主体转移经济资源的现时义务。并指出，义务是主体不具有实际能力避免（no practical ability to avoid the transfer）的职责或责任。

可见，新概念框架还原了资产、负债最本质的特征，即权利与义务。带来经济利益的权利，即资产，而不是经济利益流入本身。转移经济资源的义务，即负债，而不是经济利益流出本身。2018年版概念框架还提出了"核算单元（unit of account）"的说法，即权利义务的组合。以资产和负债定义的变动为基础，收益和费用的定义也发生了变化，但是新概念框架指出有关收益费用的信息与资产负债的信息同等重要。

（5）修改确认条件，新增终止确认部分

确认是将满足财务报表要素定义的项目纳入报表的过程。修订后的确认条件强调信息应是相关的，且如实反映交易实质，即应满足"相关性"和"如实反映"质量特征，使得前后概念更加一致。原确认条件下，只有经济利益很可能流入或流出且能够可靠计量时才加以确认。新的确认标准不再包括经济利益流向的可能性以及可靠计量的判断。而是将不确定性（如存在性、结果和计量）加以考虑。例如，是否存在一项资产或负债的不确定性被视为无法提供相关信息的情形，某些情况下更相关的计量可能涉及高度的不确定性，从而不应对相关资产或负债加以确认。某些不确定性可能导致报告主体提供更多补充信息。

上述变化体现了修订的内在逻辑。财务报表要素定义中删除"预期经济利益流向"，与确认条件中删除"可能性"标准是前后一致的。

第五章中"终止确认"部分属于新增内容。基于"如实反映"质量特征，当主体丧失对某项权利的控制时，应当终止确认相应资产；当主体不再负有现时义务时，相应负债需终止确认。终止确认旨在如实反映权利义务的变更。

（6）新增"计量"章节，提出现行价值计量基础

根据不同资产、负债、收益和费用，考虑有用财务信息的质量特征及成本限制，很可能导致计量基础的不同选择。2018年版概念框架描述了计量基础及其提供的信息，并讨论在选择计量基础时应考虑的因素。在选择计量基础时，有必要考虑计量基础在财务状况表和损益表中产生的信息的性质；大多数情况下，不能基于单一因素选择计量基础；计量基础提供的信息必须对财务报表使用者而言有用；选择资产或负债以及相关收益或费用的计量基础时，需要兼顾初始计量和后续计量。

2018年版概念框架提出了两类计量基础。一类是历史成本计量基础，一类是现行价值计量基础。

历史成本计量，提供了有关资产、负债及相关收益和费用的货币信息，使用的信息源于其产生的交易或其他事项中的价格。历史成本不反映价值的变动。

现行价值计量，提供了有关资产、负债及相关收益和费用的货币信息，所使用的信息需要更新，以反映计量日的状况。不同于历史成本，资产或负债的现行价值，并非源于其产生的交易或事项中的价格。现行价值计量基础包括公允价值（fair value）、使用价值（value in use）、履行价值（fulfillment value）和现行成本（current cost）。公允价值与现行准则定义相同。使用价值是指主体预期从一项资产的使用及其最终处置中产生的现金流量或其他经济利益的现值；履行价值是指主体预期履行负债而转移的现金或其他经济资源的现值。使用价值和履行价值反映特定主体的假设，而不是市场参与者的假设，需要采用基于现金流量的计量技术。现行成本是指计量日取得一项资产所支付的对价（加上可能发生的交易成本）或发生一项负债所收取的对价（减去可能发生的交易成本）。现行成本与历史成本类似，是一项进入价值（entry value），但不同的是，它们反映的是计量日的成本，公允价值、使用价值和履行价值反映的是退出价值（exit value）。

选择计量基础的目标应当与财务报表的目标保持一致：即提供能够如实反映一项交易本质的相关信息。选择计量基础时有必要考虑计量基

础在财务状况表和财务业绩表中所提供信息的性质以及其他因素。资产或负债及相关收益和费用计量基础所提供信息的相关性受资产或负债的特征以及对未来现金流量贡献的影响。一项计量基础所提供的信息能否满足如实反映的要求，主要受计量不一致以及计量不确定性的影响。

（7）新增"列报和披露"章节，强调有效沟通

新概念框架将列报和披露的目标纳入准则中有助于实现有效的沟通。IASB主席亨格沃特先生在2018年8月29日的演讲中提到"有效沟通"是IASB近期的一个重要项目，将更加关注如何列报财务信息。

报告主体通过在财务报表中列报和披露，传递有关资产、负债、收益和费用的信息。财务报表中有效的信息传递使信息更具相关性，且有助于主体资产、负债、权益、收益和费用的如实反映，也可以提升财务报表信息的可理解性和可比性。有效的信息传递要求关注列报和披露的目标和原则，而不是关注规则，信息分类方式为将类似项目归类，将非类似项目加以区分，汇总信息的方式不应被不必要的细节或过度汇总所掩盖。

为促进财务报表中信息的有效沟通，在准则中制定列示和披露要求时，需要在以下二者之间加以平衡：提供如实反映主体资产、负债、权益、收益和费用的具有相关性的信息时，赋予主体一定的灵活性，要求报告主体保持信息可比，无论是同一主体不同期间，还是同一期间不同主体。将列报和披露纳入准则，有助于财务报表信息的有效传递，因为这些目标有助于主体识别有用的信息，并决定如何以最有效的方式沟通这些信息。

新概念框架对分类、汇总作出了界定。分类是出于报告和披露的目的根据共有特征将资产、负债、权益、收益和费用进行归类，汇总是将具有不同特征的资产、负债、权益、收益或费用加总并包含在同一类别中，财务报表的不同部分可能需要不同程度的汇总。适度的汇总既不会过分细化，也不会过分简化，能够提供更多更相关的信息。

概念框架还指出损益表是有关主体报告期内财务业绩的主要信息来

源，损益的总计或小计是对主体当期财务业绩的高度概括描述。

1.1.3　我国基本准则的定位及思考

2006年我国财政部发布了1项基本准则和38项具体准则，标志着我国会计准则基本实现了与国际会计准则的趋同。之后，经过了两次大规模的修订，保持与国际会计准则的持续趋同。

我国会计准则体系由基本准则、具体准则、应用指南和解释公告构成。至今，包括1项基本准则、42项具体准则、17号会计准则解释（截至2023年10月），并伴随着准则的发布和修订发布相应的应用指南。其中基本准则于2006年2月15日以财政部令33号发布，包括财务报告目标、会计信息质量要求、会计要素的确认、会计计量属性以及财务会计报告等。2014年伴随着公允价值准则的发布，基本准则做了相应修订，对公允价值计量重新加以表述。从内容上而言，我国基本准则的内容与国际财务报告概念框架基本相同。

我国企业会计准则体系属于法规的范畴，基本准则指导具体准则。我国目前虽然没有财务会计概念框架，但是基本准则发挥着概念框架的功能。葛家澍教授（2005）提出，"我国财务会计概念框架建设应该分两步走，第一步先修改、充实现行基本准则；第二步，等到时机成熟，基本准则可以转化为符合国际管理惯例的财务会计概念框架"，并在2006年进一步指出"基本准则"这一术语简明易懂，而且其架构清晰，虽然基本准则可能是我国未来概念框架的过渡形式，但现在当作我国的概念框架却具有鲜明的特色、新意并符合我国国情，它不是站在准则体系之外，而是在体系之中，并处于顶尖位置，不仅是法规，而且是比具体准则更重要、更基本的规范，总的来说，我国的基本准则是我国现阶段的财务会计概念框架。

我国会计准则与国际财务报告准则实现了趋同，并保持与国际财务报告准则的持续趋同。国际财务报告概念框架2018年发生重大修订，在此背景下，我国基本准则也面临着如何修订的问题。例如，我国基本准则中缺乏对报告主体的明确表述，对"确认与终止确认"没有设专门的章节，对资本和资本保全并未涉及，此外会计信息质量要求是否需要在基本准则中加以明确区分不同的级次，针对最新概念框架中的变化（如资产负债定义的改变、对谨慎性的认识）是否需要对我国基本准则的相应内容加以修订，这些都是需要加以考虑的。此外，国际财务报告概念框架明确其本身不是准则，但是我国基本准则是法律体系的组成部分，使得我国基本准则的修订完善具有独特的复杂性和艰巨性（陆建桥，2018）。

1.2 我国会计准则趋同进展

2006 年《企业会计准则》的发布与实施，标志着我国与国际会计准则基本实现趋同，形成了现行会计准则的基本框架。之后经过了两次大规模的修订。其中，2014 年对《企业会计准则第 2 号——长期股权投资》《企业会计准第 9 号——职工薪酬》《企业会计准则第 30 号——财务报表列报》《企业会计准则第 33 号——合并财务报表》《企业会计准则第 37 号——金融工具列报》进行了修订，并发布了《企业会计准则第 39 号——公允价值计量》《企业会计准则第 40 号——合营安排》《企业会计准则第 41 号——在其他主体中权益的披露》。2017 年对《企业会计准则第 14 号——收入》《企业会计准则第 16 号——政府补助》《企业会计准则第 22 号——金融工具确认与计量》《企业会计准则第 23 号——金融资产转移》《企业会计准则第 24 号——套期保值》《企业会计准则第 37 号——金融工具列报》进行了修订，发布了《企业会计准则第 42 号——持有待售的非流动资产、处置组和终止经营》。此外，2018 年修订了《企业会计准则第 21 号——租赁》，2019 年修订了《企业会计准则第 7 号——非货币性资产交换》《企业会计准则第 12 号——债务重组》。以下主要针对 2017 年以来会计准则的变化及财务报表格式的修订加以阐述，并分析变化所带来的影响。

1.2.1 金融工具准则

我国现行准则体系中与金融工具相关的具体准则有《企业会计准则22 号——金融工具确认和计量》、《企业会计准则第 23 号——金融资转移》《企业会计准则第 24 号——套期会计》以及《企业会计准则第 37 号——金融工具列报》。上述准则于 2006 年发布，后于 2017 年加以修订（以下简称"新金融工具准则"），相比原准则发生了较大的变化。新金融工具准则的变化之处主要体现在以下几个方面：

1）金融资产分类的变化

金融资产原有的四分类分别是以公允价值计量且其变动计入当期损益的金融资产、持有至到期投资、贷款和应收款项、可供出售金融资产。四分类下金融资产的划分强调持有金融资产的目的，主观性较强。新金融工具准则将金融资产划分为三类：第一类是以摊余成本计量的金融资产（amortized cost，AC），第二类是以公允价值计量且其变动计入其他综合收益的金融资产（fair value through other comprehensive income，FVOCI），第三类是以公允价值计量且其变动计入当期损益的金融资产（fair value through profit or loss，FVPL）。

新的三分类方式是按照企业管理金融资产的业务模式和合同现金流量特征进行划分的。管理金融资产的业务模式，是指企业如何管理金融资产以产生现金流量，表现为以收取合同现金流为目标（以下称为业务模式 1）、既以收取合同现金流为目标又以出售为目标（以下称为业务模式 2），或者其他业务模式（例如交易性目的）。合同现金流量特征按照是否仅为本金和以未付本金为基础的利息的支付（solely payment of principle and interest，SPPI）加以衡量。

对于债务工具，若 SPPI 测试通过，且以收现为目标，则划分为 AC；若是双重目标，则划分为 FVOCI。若合同现金流量不满足 SPPI 特征，或虽满足 SPPI 特征但业务模式为其他业务模式，则划分为以公允价值计量且其变动计入当期损益的金融资产，可见，新金融工具准则下第三类为剩余分类，此外，为消除会计错配可以将金融资产指定为以公允价值计量且其变动计入当期损益的金融资产。对于权益工具，SPPI 测试不能通过，因此，直接划分为 FVPL，特殊地可以直接指定为 FVOCI。

金融资产分类流程用图示说明，如图 1-1 所示。可见，以摊余成本计量的金融资产只能是债务工具；以公允价值计量且其变动计入其他综合收益的金融资产既可能是债务工具，也可能是权益工具，以下分别简称为 FVOCI 债务工具、FVOCI 权益工具（之所以如此划分，是因为二者后续计量模式不同）；以公允价值计量且其变动计入当期损益的金融资产既可能是债务工具，也可能是权益工具。

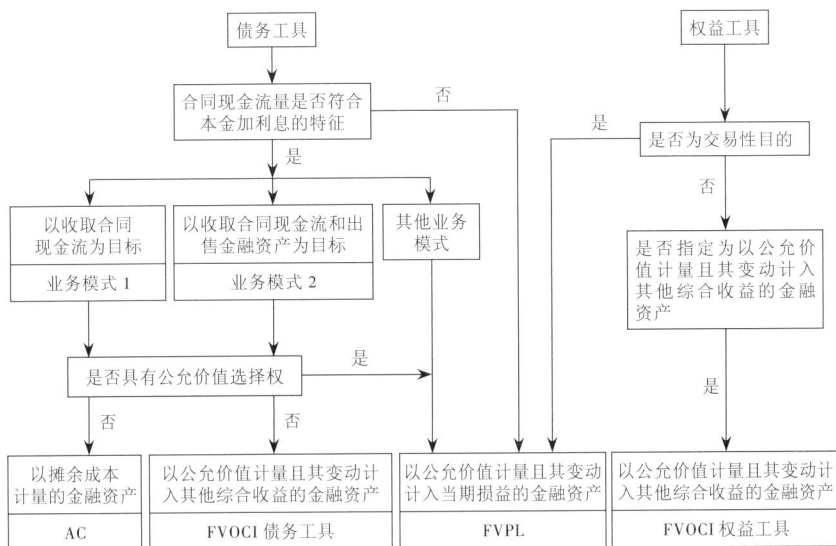

图 1-1 新金融工具准则下金融资产分类流程图

资料来源：财政部会计司编写组.《企业会计准则第 22 号——金融工具确认和计量》应用指南 [M]. 北京：中国财政经济出版社，2018.

三类金融资产通过设置不同的科目进行核算。以摊余成本计量的金融资产设置"债权投资"科目，下设"成本""利息调整""应计利息"明细科目；以公允价值计量且其变动计入其他综合收益的金融资产（债务工具）设置"其他债权投资"科目，下设"成本""利息调整""应计利息""公允价值变动"明细科目；以公允价值计量且其变动计入其他综合收益的金融资产（权益工具）设置"其他权益工具投资"一级科目，下设"成本""公允价值变动"明细科目；以公允价值计量且其变动计入当期损益的金融资产设置"交易性金融资产"一级科目，下设"成本""公允价值变动"明细科目。

三类金融资产在初始计量及后续计量上表现出不同的特征，具体见表 1-1。

表1-1 三类金融资产核算特征的比较

类 别	会计科目	初始计量	后续计量	终止确认
以摊余成本计量的金融资产	债权投资	公允价值+交易费用	持有期间按实际利率法确认利息收入，期末以摊余成本计量	
FVOCI债务工具	其他债权投资	公允价值+交易费用	持有期间反映公允价值的变动，计入其他综合收益，期末按公允价值计量	确认处置损益，计入当期损益；将原计入其他综合收益的金额转出至当期损益
FVOCI权益工具	其他权益工具投资	公允价值+交易费用	持有期间反映公允价值的变动，计入其他综合收益，期末按公允价值计量	确认处置损益，计入留存收益；将原计入其他综合收益的金额转出至留存收益
以公允价值计量且其变动计入当期损益的金融资产	交易性金融资产	公允价值	持有期间反映公允价值的变动，计入当期损益，期末按公允价值计量	确认处置损益，计入当期损益；将原计入公允价值变动损益的金额转出至投资收益

2）金融资产重分类的变化

原金融工具准则下，四分类的金融资产是否可以相互重分类具有限制，其中第一类（以公允价值计量且其变动计入当期损益的金融资产）与其他三类（持有至到期投资、贷款和应收款项、可供出售金融资产）之间不可以重分类，而后三类之间可以相互重分类。

新金融工具准则下，重分类发生了较大的变化。准则规定，企业管理金融资产的业务模式发生变化，可以对金融资产进行重分类。重分类日为业务模式发生变更后的首个报告期间的第一天。企业对金融资产进行重分类，应当自重分类日起采用未来适用法进行会计处理。

重分类包括六种情形：AC—FVOCI，AC—FVPL，FVOCI—AC，

FVOCI—FVPL，FVPL—AC，FVPL—FVOCI。需要注意的是，指定为以公允价值计量且其变动计入当期损益的金融资产和指定为以公允价值计量且其变动计入其他综合收益的金融资产，由于该指定一经作出不得撤销，因此不能进行上述重分类。管理金融资产的业务模式发生变更是进行重分类的前提，企业需要慎重判断，该变更源自企业外部或内部的变化，必须由高级管理层作出决策，且对企业经营非常重要，并能够向外部各方证实，只有当企业开始或终止某项对其经营影响重大的活动时，管理金融资产的业务模式才会发生变更。下列情形不属于业务模式变更：①企业持有特定金融资产的意图发生改变；②金融资产特定市场暂时性消失从而暂时影响金融资产出售；③金融资产在企业具有不同业务模式的各部门之间转移。

【小案例】 **中国银行的金融资产**

中国银行（股票代码：609188）2023年年报显示，根据新金融工具准则，金融资产包括以公允价值计量且其变动计入当期损益的金融资产、以公允价值计量且其变动计入其他综合收益的金融资产、以摊余成本计量的金融资产。2023年各类金融资产的金额及所占比重见表1-2。

表1-2　　中国银行2023年年末及年初金融资产的构成及占比

金额单位：百万元

项　目	期末余额	占比	期初余额	占比
以公允价值计量且其变动计入当期损益的金融资产	550 421	7.69%	613 105	9.53%
以公允价值计量且其变动计入其他综合收益的金融资产	3 248 113	45.37%	2 500 216	38.85%
以摊余成本计量的金融资产	3 360 183	46.94%	3 321 923	51.62%
合　计	7 158 717	100%	6 435 244	100%

（资料来源：中国银行2023年年报）

从表1-2可以看出，2023年中国银行金融资产总额较上年有一定的上升。从各项构成来看，FVOCI和AC占比较大，FVPL占比最小。

3）金融资产减值的变化

原金融工具准则，确认减值的思路为"实际损失法"，由于可能导致减值计提不够充分而备受指责；新金融工具准则修改为"预期信用损失法"，并采用三阶段模型进行减值确认，见表1-3。预期信用损失法下，需要判断金融工具发生违约风险的可能性，也就是发生违约的概率，并确定每一可能情况下产生的损失金额，也就是预期能收到的现金流量与按照合同应收的现金流量之间的差额，以违约概率为权重计算得到的信用损失的加权平均值就是预期信用损失金额。

表1-3 金融资产减值的三阶段模型

项目	第一阶段	第二阶段	第三阶段
条件	自初始确认后信用风险未显著增加	自初始确认后信用风险已显著增加但尚未发生信用减值	自初始确认后发生信用减值
损失准备的计量	按未来12个月的预期信用损失	按金融工具整个存续期的预期信用损失	按整个存续期的预期信用损失
利息收入的计算	按账面余额（即未扣除减值准备）和实际利率	按账面余额和实际利率	按账面价值和实际利率

企业确定金融工具在资产负债表日只具有较低的信用风险的，可以假设该金融工具的信用风险自初始确认后并未显著增加。通常情况下，逾期30日表明"信用风险显著增加"，出现如下情形，视为获得了实际发生信用减值的证据：①发行方或债务人发生重大财务困难；②债务人违反合同，例如偿付本息违约或逾期；③债权人出于与债务人财务困难有关的经济或合同考虑，给予债务人在任何其他情况下都不会作出的让步；④债务人很可能破产或进行其他债务重组；⑤发行方或债务人财务困难导致该金融资产的活跃市场消失；⑥以大幅折扣购买或源生一项金融资产，该折扣反映了发生信用损失的事实。上述三阶段模型中，需要根据信用风险的不同程度加以判断，并根据不同的时间"窗口"确定信用损失，而计算利息收入的基础也因风险的不同而不同。

就金融资产的减值而言，以摊余成本计量的金融资产、以公允价值计量且其变动计入其他综合收益的金融资产（债务工具）均涉及减值问题，相应分别设置"债权投资减值准备""其他综合收益——信用减值准备"科目。此外，合同资产、租赁应收款、贷款承诺及财务担保合同均涉及减值问题。FVPL、FVOCI权益工具不包括在内。

针对金融资产减值，重点在于确定预期信用损失。预期信用损失是一种前瞻性考虑，根据未来合同现金流量与预期可以收到的现金流量之间的差额按照一定的折现率进行折现的金额确定，即现金流量缺口的现值。也就是说确定预期信用损失时，需要考虑发生违约风险的概率及违约损失率，因此预期信用损失是一个按照违约风险概率计算得到的加权平均值。按照时间价值原理，即使能全额收回但晚于合同约定时间，也会产生预期信用损失。

对于购入或源生的已发生信用减值的金融资产，不适用预期信用损失三阶段模型。企业应当仅将自初始确认后整个存续期内预期信用损失的变动确认为损失准备，并按摊余成本和经信用调整的实际利率计算利息收入。在每个资产负债表日，企业应当将整个存续期内预期信用损失的变动金额作为减值损失或利得计入当期损益。即使该资产负债表日确定的整个存续期内预期信用损失小于初始确认时估计现金流量所反映的预期信用损失的金额，企业也应当将预期信用损失的有利变动确认为减值利得。

企业应当在资产负债表日评估金融工具信用风险自初始确认后是否已显著增加，一般应当通过比较金融工具在初始确认时所确定的预计存续期内的违约概率和该金融工具在资产负债表日所确定的预计存续期内的违约概率，来判定金融工具信用风险是否显著增加。

出于简化会计处理，兼顾现行实务的考虑，准则规定了两种特殊情形，无须比较金融工具初始确认时的信用风险与资产负债表日的信用风险：一类是对于在资产负债表日具有较低信用风险的金融工具，企业可以不用与其初始确认时的信用风险进行比较，而直接作出该工具的信用风险自初始确认后未显著增加的假定。另一类是对于收入准则所规定的、不含重大融资成分的应收款项和合同资产，应当始终按照整个存续期内预期信用损失的金额计量其损失准备，企业对这种简化处理没有选择权。对包含重大融资成分的应收款项、合同资产和适用新租赁准则的租赁应收款，企业具有会计处理选择权，始终按照相当于整个存续期内预期信用损失的金额计量其损失准备。

可见，对于应收款项可以采用简化的减值处理方法，始终按照整个存续期内预期信用损失计量损失准备。实务中经常使用的方法包括应收款项余额百分比法和账龄分析法。应收款项余额百分比法是根据期末应收款项余额的一定百分比来确定损失准备的方法，该方法下需要根据历史经验估计预期信用损失率。账龄分析法是指期末对应收款项的逾期情况进行分析，划分为不同的区间，针对每一区间确定预期信用损失率，体现了逾期时间长短不同、风险不同、信用损失不同的逻辑。相比而言，应收款项余额百分比法确定的是预期信用损失率，相对综合，对风险的评估较为粗略，而账龄分析法更加细致。

【小案例】　　　　格力电器其他应收款计提坏账准备

格力电器（000651）2023年年报附注显示，其他应收款的期末账面余额为 1 255 910 795.95 元，坏账准备余额为 449 288 823.36 元，账面价值为 806 621 972.59 元。对其他应收款采用三阶段模型计提坏账准备，见表1-4。

表1-4　　　　格力电器2023年其他应收款坏账准备计提情况　　　　单位：元

坏账准备	第一阶段	第二阶段	第三阶段	合计
	未来12个月预期信用损失	整个存续期预期信用损失（未发生信用减值）	整个存续期预期信用损失（已发生信用减值）	
期初余额	8 562 921.73		376 379 514.96	384 942 436.69
本期计提	19 419 187.51		44 967 199.16	64 386 386.67
本期转销			40 000.00	40 000.00
期末余额	27 982 109.24		421 306 714.12	449 288 823.36

（资料来源：格力电器2023年年报）

4）套期会计的变化

套期，是指企业为管理外汇风险、利率风险、价格风险、信用风险等特定风险引起的风险敞口，指定金融工具为套期工具，以使套期工具的公允价值或现金流量变动，预期抵销被套期项目全部或部分公允价值或现金流量变动的风险管理活动。例如，企业为了规避现货市场的价格变动风险，可以在期货市场上买入或卖出与现货市场数量相当、但交易方向相反的期货合同，从而通过期货市场上公允价值的变动来补偿现货市场上价格变动所带来的风险。

套期分为公允价值套期、现金流量套期和境外经营净投资套期。套期工具与被套期项目之间的关系通过套期会计方法加以体现。公允价值套期，是指对已确认资产或负债、尚未确认的确定承诺，或上述项目组成部分的公允价值变动风险敞口进行的套期。现金流量套期是指对已确认资产或负债、极可能发生的预期交易或上述项目组成部分的现金流量变动风险敞口进行的套期。境外经营净投资套期，是指对境外经营净投资外汇风险敞口进行的套期。

2017 年 3 月 31 日，财政部发布《关于印发修订〈企业会计准则第24号——套期会计〉的通知》（财会〔2017〕9号），与原准则相比，准则名称从"套期保值"修订为"套期会计"。

按照新准则的规定，公允价值套期满足套期会计方法的，套期工具产生的利得或损失计入当期损益，被套期项目因被套期项目风险敞口形成的利得或损失计入当期损益，同时调整未以公允价值计量的已确认被套期项目的账面价值。被套期项目为以公允价值计量且其变动计入其他综合收益的非交易性权益工具投资时，套期工具产生的利得或损失计入其他综合收益，被套期项目因风险敞口形成的利得或损失计入其他综合收益，其账面价值已经按公允价值计量，无须调整。被套期项目为以摊余成本计量的金融工具的，企业对被套期项目账面价值所作的调整应当按照开始摊销日重新计算的实际利率进行摊销，并计入当期损益。

现金流量有效套期的部分，计入其他综合收益。属于无效套期的部分，应当计入当期损益。现金流量套期储备的金额为下列二者孰低：套期工具自套期开始的累计利得或损失，被套期项目自套期开始的累计未来现金流量现值的累计变动额。每期计入其他综合收益的现金流量套期储备的金额应当为本期变动额。现金流量套期储备后续是否转出，区分如下情形：若被套期项目为预期交易且使企业后续确认一项非金融资产或非金融负债的，或者非金融资产或非金融负债的预期交易形成一项适用于公允价值套期会计的确定承诺时，企业应当将现金流量套期储备从其他综合收益中转出，计入该资产或负债的初始确认金额；不属于上述情形的，应将原计入其他综合收益的现金流量套期储备金额转出，计入当期损益；若现金流量套期储备金额是一项损失，则预期不能弥补，在预计不能弥补时将不能弥补的部分从其他综合收益转出，计入当期损益。终止运用套期会计时，被套期的未来现金流量预期仍然会发生的，累计现金流量套期储备的金额应当予以保留。预期不会发生的，累计现金流量套期储备的金额应当转出，计入当期损益。

境外经营净投资套期按照类似于现金流量套期会计的规定处理，套期工具形成的利得或损失中属于套期有效的部分，计入其他综合收益，无效套期的部分，计入当期损益。

新套期会计准则的核心理念是将套期会计和风险管理相结合，使得企业的风险管理活动更好地体现在财务报告中。新准则的主要修订之处体现在如下几个方面：

（1）拓宽套期工具和被套期项目的范围

企业可以将某些金融工具作为套期工具，以抵销公允价值变动或现金流量变动带来的风险。套期工具包括以公允价值计量且其变动计入当期损益的衍生工具、以公允价值计量且其变动计入当期损益的非衍生金融资产或非衍生金融负债。对于外汇风险套期，可以将非衍生金融资产或非衍生金融负债的外汇风险成分指定为套期工具。准则规定，企业通常应当将金融工具整体指定为套期工具。特殊地，对于期权，可以将内在价值和时间价值分开，只将期权的内在价值变动指定为套期工具，对于远期合同，可以将远期要素和即期要素分开，只将即期要素的价值变动指定为套期工具，对于金融工具，可以将外汇基差单独分拆，只将排除外汇基差后的金融工具指定为套期工具。

被套期项目，是指使企业面临公允价值或现金流量变动风险，且被指定为被套期对象的、能够可靠计量的项目。企业可以将已确认资产或负债、尚未确认的确定承诺、极可能发生的预期交易、境外经营净投资指定为被套期项目。企业可以将如上单个项目、项目组合或其组成部分指定为被套期项目。

新准则增加了允许将以公允价值计量且其变动计入当期损益的非衍生金融工具指定为套期工具，增加了可以被指定的套期项目的范围，允许将非金融项目的组成部分指定为被套期项目，允许将一组项目的风险总敞口和风险净敞口指定为被套期项目，允许将包括衍生工具在内的汇总风险敞口指定为被套期项目。

（2）改变了套期会计方法的适用条件

原准则规定，套期会计方法，是指在相同会计期间将套期工具和被套期项目公允价值变动的抵销结果计入当期损益的方法。原准则规定同时满足下列条件的，才能运用套期会计方法进行处理：①在套期开始时，企业对套期关系有正式指定，并准备了关于套期关系、风险管理目标和套期策略的正式书面文件。该文件至少载明了套期工具、被套期项目、被套期风险的性质以及套期有效性评价方法等内容。套期必须与具体可辨认并被指定的风险有关，且最终影响企业的损益。②该套期预期高度有效，且符合企业最初为该套期关系所确定的风险管理策略。③对预期交易的现金流量套期，预期交易应当很可能发生，且必须使企业面临最终将影响损益的现金流量变动风险。④套期有效性能够可靠地计量。⑤企业应当持续地对套期有效性进行评价，并确保该套期在套期关系被指定的会计期间内高度有效。原准则对套期会计方法的适用设置了较高的条件，使得实务中某些套期业务无法满足条件而无法应用套期会计方法进行处理。

新准则规定，套期会计方法是指企业将套期工具和被套期项目产生的利得或损失在相同会计期间计入当期损益（或其他综合收益）以反映风险管理活动影响的方法。同时满足下列条件的，才能运用套期会计处理方法：①套期关系仅由符合条件的套期工具和被套期项目组成。②在套期开始时，企业正式指定了套期工具和被套期项目，并准备了关于套期关系和企业从事套期的风险管理策略和风险管理目标的书面文件。该文件至少载明了套期工具、被套期项目、被套期风险的性质以及套期有效性评估方法（包括套期无效部分产生的原因分析以及套期比率确定方法）等内容。③套期关系符合套期有效性要求。可见，新准则取消了"预期高度有效"、"套期有效性可靠计量"及"持续有效"的限制。

（3）改变了套期有效性的评估

套期有效性，可以理解为套期工具在多大程度上抵销了被套期项目的风险。

原准则规定套期同时满足下列条件的，企业应当认定其为高度有效：①在套期开始及以后期间，该套期预期会高度有效地抵销套期指定期间被套期风险引起的公允价值或现金流量变动；②该套期的实际抵销结果在80%至125%的范围内。原准则对套期有效性的度量采用的是非常严格的定量要求，并且要求企业至少应当在编制中期报告或年度财务报告时对套期有效性进行评价。可见，定量评估是原准则对套期有效性要求规定的特点。

新准则对套期有效性的评估，采用了定性标准。规定符合下列条件的，认定为符合套期有效性要求：①被套期项目和套期工具之间存在经济关系。该经济关系使得套期工具和被套期项目的价值因面临相同的被套期风险而发生方向相反的变动；②被套期项目和套期工具经济关系产生的价值变动中，信用风险的影响不占主导地位；③套期关系的套期比率，应当等于企业实际套期的被套期项目数量与对其进行套期的套期工具实际数量之比，但不应当反映被套期项目和套期工具相对权重的失衡，这种失衡会导致套期无效，并可能产生与套期会计目标不一致的会计结果。

（4）引入套期有效性再平衡机制

原准则规定套期关系不再符合套期有效性要求时，应该终止套期会计。但新准则的一个重要变化是引入套期有效性再平衡机制。规定套期关系由于套期比率的原因而不再符合套期有效性要求，但指定该套期关系的风险管理目标没有改变的，企业应当进行套期关系再平衡。

套期关系再平衡，是指对已经存在的套期关系中被套期项目或套期工具的数量进行调整，以使套期比率重新符合套期有效性要求。基于其他目的对被套期项目或套期工具所指定的数量进行变动，不属于套期关系再平衡。套期关系再平衡可能会导致企业增加或减少指定套期关系中被套期项目或套期工具的数量。企业增加了指定的被套期项目或套期工具的，增加部分自指定增加之日起作为套期关系的一部分进行处理；企业减少了指定的被套期项目或套期工具的，减少部分自指定减少之日起不再作为套期关系的一部分，作为套期关系终止处理。

（5）增加期权时间价值的会计处理方法

期权的公允价值包括内在价值和时间价值两部分。内在价值是期权合约执行价格与标的资产的市场价格之间的差额，按照期权内在价值的大小，期权可以分为实值期权、虚值期权和平值期权。时间价值是指期权公允价值超过内在价值的部分，是一种"波动的价值"，波动的可能性越大，期权的时间价值越大。而货币的时间价值，则是一种"延续的价值"，时间越长，价值越大。因而，期权的时间价值不同于货币的时间价值。期权合约到期，时间价值为零。

原准则规定，当企业仅指定期权的内在价值为被套期项目时，剩余未指定的部分即期权的时间价值作为衍生工具的一部分，应当以公允价值计量且其变动计入当期损益。

新准则规定，企业将期权的内在价值和时间价值分开，只将期权的内在价值变动指定为套期工具时，应当区分被套期项目的性质进行不同的处理，区分被套期项目的性质是与交易相关还是与时间段相关。期权时间价值的公允价值变动中与被套期项目有关的部分首先计入其他综合收益，后续根据不同的性质分别进行处理。评估期权是对与交易相关的被套期项目还是与时间段相关的被套期项目进行套期，关键在于被套期项目的性质，包括被套期项目影响损益的方式和时间。

被套期项目与交易相关的（如对预期交易进行套期），对其进行套期的期权时间价值具备交易成本的特征。企业应当将期权时间价值的公允价值变动中与被套期项目相关的部分计入其他综合收益，并按照与现金流量套期储备相同的方法进行会计处理。

被套期项目与时间段相关的（如使用期限为6个月的期权对存货在6个月中的价格风险进行套期），对其进行套期的期权时间价值具备为保护企业在特定时间内规避风险所需支付成本的特征。企业应当将期权时间价值的公允价值变动中与被套期项目相关的部分计入其他综合收益，并按照系统、合理的方法，将期权被指定为套期工具当日的时间价值与被套期项目相关的部分，在套期关系影响损益或其他综合收益的期间内摊销，摊销金额从其他综合收益转出，计入当期损益。期权到期时，时间价值为零，因此，期权存续期间内累计时间价值的公允价值变动等于指定套期时的时间价值。若企业终止运用套期会计，则其他综合收益中剩余的相关金额应当转出，计入当期损益。

（6）增加信用风险敞口的公允价值选择权

实务中很多企业针对借贷安排产生的信用风险敞口，经常使用信用衍生工具来管理上述风险。按照金融工具准则的规定，信用风险敞口通常以摊余成本计量，而信用衍生工具以公允价值计量，由此产生了计量不匹配的问题。

新准则规定，当金融工具信用风险敞口的主体与信用衍生工具涉及的主体相一致，金融工具的偿付级次与根据信用衍生工具条款须交付的工具的偿付级次相一致，企业使用以公允价值计量且其变动计入当期损益的信用衍生工具管理金融工具（或其组成部分）的信用风险敞口时，企业可以在该金融工具（或其组成部分）初始确认时、后续计量中或尚未确认（如贷款承诺）时，将其指定为以公允价值计量且其变动计入当期损益的金融工具，并同时作出书面记录。当上述条件不再满足时，撤销该指定。

新准则允许企业选择采用以公允价值计量且其变动计入当期损益的方式计量被套期风险敞口的方法替代套期会计。但是这种公允价值选择权与金融工具准则中规定的公允价值选择权不同，此处的公允价值选择权具有一定的灵活性：可以在金融工具初始确认后进行指定；可以对金融工具的一部分进行指定，而不一定是全部；可以在一定条件下终止指定。例如，某银行针对一笔贷款，使用信用违约互换合同进行风险管理，符合上述条件，使用公允价值选择权将该贷款指定为以公允价值计量且其变动计入当期损益的金融资产。两年后，该项贷款的信用风险已降至无须通过信用违约互换合同进行管理的程度，于是终止了该信用违约互换合同，对该贷款终止以公允价值计量且其变动计入当期损益的金融资产计量，并开始以摊余成本计量。

1.2.2 收入准则

收入是日常活动中经济利益的流入。收入源于企业的经营活动，通过销售商品、提供劳务从客户取得经济利益，收入不论表现形式如何，最基本的商业本质都是企业与客户之间的合同关系，收入均是基于企业与客户之间的合同而产生的。国际会计准则理事会2014年5月发布了《国际财务报告准则第15号——客户合同收入（Revenue from contracts with customers）》，取代了原有的《国际会计准则第11号——建造合同》和《国际会计准则第18号——收入》，国际财务报告准则第15号要求于2018年1月1日实施。

我国原《企业会计准则第14号——收入》《企业会计准则第15号——建造合同》，收入按性质进行区分，分别适用于不同的准则。销售商品收入、提供劳务收入和让渡资产使用权收入适用收入准则，建造合同取得的收入适用建造合同准则。收入从本质上而言，是由于企业执行与客户之间的合同而产生的一种经济利益的流入，合同标的既可以是商品，也可以是服务。实务中，收入准则和建造合同准则的边界有时很难划分，销售商品与提供服务可能交织在一起，很多新问题的出现已超越了原收入准则的范畴。

为与国际会计准则趋同，并解决我国实务中出现的问题，2017年7月5日财政部《关于修订印发〈企业会计准则第14号——收入〉的通知》（财会〔2017〕22号）（以下简称"新收入准则"）出台，要求在境内外同时上市的企业以及在境外上市并采用国际财务报告准则或企业会计准则编制财务报表的企业，自2018年1月1日起施行；其他境内上市企业，自2020年1月1日起施行；执行企业会计准则的非上市企业，自2021年1月1日起施行。允许提前执行。

我国新修订的收入准则，将原收入准则和建造合同准则纳入统一的收入确认模型。准则的发布、消化吸收需要一个过程，2018年7月财政部以单行本的形式发布了新收入准则的应用指南。

新收入准则改变了收入的确认计量模式，针对复杂的交易安排作出了规定，有效地回答了实务中亟待解决的问题，也催生了诸如合同资产、合同负债等新的报表项目。以下将对新收入准则的主要变化之处做精要概括。

1）五步法模型（five steps model）

新收入准则将商品和服务纳入统一的收入确认模型，要求按照五步法进行收入的确认和计量。收入确认的模式应反映企业向客户转让商品或提供服务的模式，收入的金额应当是预期有权收取的对价金额。五步法具体是指：第一步，识别与客户订立的合同；第二步，识别合同中的单项履约义务；第三步，确定交易价格；第四步，将交易价格分摊至各单项履约义务；第五步，履行各单项履约义务时确认收入。上述五步中，第一步、第二步与第五步解决的是收入确认问题，第三步、第四步解决的是收入计量问题。以下将对五步中的重要内容分别阐述。

第一步，识别与客户订立的合同。

新收入准则将合同提到了非常重要的地位，收入确认的前提是企业与客户之间存在合同，如果不存在合同，只是一个生产过程，不存在收入确认问题。收入的确认计量与合同条款规定紧密相关。因此，合同的订立与识别是一个前置性的步骤。

合同，是指双方或多方之间订立的有法律约束力的权利义务的协议，可以是书面形式、口头形式或基于商业惯例或企业习惯性做法的其他形式，其核心在于权利义务。识别合同，需要满足以下五个条件：一是合同各方已批准该合同并承诺将履行各自义务；二是合同明确了合同各方与转让商品相关的权利和义务；三是合同有明确的与转让商品相关的支付条款；四是合同具有商业实质，即改变企业未来现金流量的风险、时间分布或金额；五是企业因转让商品而有权收取的对价很可能收回。不符合上述五个条件的合同，企业只有在不再负有转让商品的剩余义务，且合同对价无须退回时，才能将已收取的对价确认为收入，否则只能将收到的对价确认为负债。

合同开始日即满足上述五个条件的合同，在后续期间无须重新评估，除非有迹象表明相关事实和情况发生了重大变化。原不符合上述五个条件的合同，应在后续期间持续评估。

识别合同时，除了需要判断是否符合五个条件外，还需要识别合同变更的几种情形：第一类变更，合同变更增加了可明确区分的商品及合同条款，且反映了新增商品单独售价，新增部分不影响原合同，可以概括为"原合同继续，新合同订立"，合同变更部分作为单独合同处理。第二类变更，原合同履行中，已转让商品和未转让商品之间可以明确区分，未履约部分与合同变更部分合并为新合同，可以概括为"原合同终止，新合同订立"，此时需要重新计算单位商品的价格。第三类变更，已转让商品与未转让商品之间不可明确区分，合同变更部分作为原合同的组成部分，此时需要重新计算履约进度，调整当期收入和成本。例如，某咨询公司与客户签订了一项合同，在未来三年内为客户提供财务咨询服务，按年收取咨询费，合同价格为60万元，合同执行一年后，以32万元将合同期限再延长2年。上述变更属于第二类变更，原合同中未履约部分与变更部分合并为新合同，新合同期限为4年，对价为72万元（20×2+32），新合同中每年确认的收入为18万元。

此外，与同一客户同时或相近的时间内订立两项或多项合同，满足下列条件之一，可以合并为一项合同：①基于同一目的而订立并构成一揽子交易；②其中一项合同的对价金额取决于其他合同的定价或履行情况；③该两项或多项合同中所承诺的商品构成单项履约义务。

第二步，识别合同中的单项履约义务。

履约义务，是一种向客户转让可明确区分的商品的承诺。企业向客户的承诺，构成了履约义务，表现为转让某种商品或服务。一项合同中可能包含两个或两个以上的转让承诺，因而可能包含多项履约义务，企业在确认收入前应明确该合同中包含几项履约义务，以便未来在各单项履约义务完成时，确认相应的收入。

履约义务既包括合同中明确的承诺，也包括合同订立时客户合理预期企业将履行的承诺。履约义务识别的关键在于判断所转让的商品是否可以明确区分。例如，电梯生产企业销售电梯给客户，该合同中包含几项履约义务？安装服务是否构成单项履约义务？企业向客户销售电脑承诺一年内免费维修，该合同中包含几项单项履约义务？免费维修是否构成单项履约义务？

运输活动是否构成单项履约义务？通常，控制权转移前发生的运输活动不构成单项履约义务。若合同约定为目的地交货，则商品运达客户时控制权才发生转移，企业提供的运输活动是为了履行合同而从事的活动，相关成本应作为合同履约成本，而不构成单项履约义务。相反，控制权转移给客户后发生的运输活动则可能表明企业向客户提供了一项运输服务，应当考虑是否构成单项履约义务。

识别单项履约义务的关键在于判断所转让的商品是否可以明确区分，满足以下两个条件即认为是可明确区分的：一是客户能够从该商品本身或从该商品与其他易于获得资源一起使用中受益，即该商品本身能够明确区分；二是转让该商品的承诺与合同中其他承诺可单独区分。通常，企业需要提供重大服务以将该商品与合同中承诺的其他商品进行整合，该商品将对合同中承诺的其他商品予以重大修改或定制，该商品与合同中承诺的其他商品具有高度关联性，则认为是不可明确区分的。一系列实质相同且转让模式相同的、可明确区分的商品，应作为单项履约义务。如企业向客户提供酒店管理服务，包括保洁、维修、安保等，虽然可明确区分，但应作为单项履约义务。可见，单项履约义务可以分为两类：一类是可明确区分的商品或服务，另一类是一系列实质相同且转让模式相同、可明确区分的商品或服务。例如，企业销售手机同时送6个月话费，价格为2 000元。通过分析可以看出，企业有两项承诺：销售手机，并额外送话费，可见，该合同包含两项履约义务，手机是可明确区分的商品，应在控制权转移时确认收入，送话费是一系列实质相同且转让模式相同的服务，属于时段内履行的履约义务，应在未来6个月内分期确认收入。

第三步，确定交易价格。

交易价格，是指企业因向客户转让商品而预期有权收取的对价金额。企业代第三方收取的款项属于负债，不能计入交易价格。在确定交易价格时，需要考虑可变对价、合同中存在的重大融资成分、非现金对价以及应付客户对价等因素。以下分别加以阐释。

①可变对价

企业与客户约定的对价金额可能是固定的，也可能因折扣、价格折让、返利、奖励积分、激励措施、业绩奖金、索赔等原因而变化。合同中存在可变对价的，应当对可变对价的金额进行估计。

在对可变对价进行估计时，应当按照期望值或最可能发生金额确定。期望值是未来各种可能情况下的对价金额乘以相应的概率加权平均的结果。最可能发生金额是一系列可能发生的对价金额中最可能发生的单一金额。计入交易价格的可变对价还应该满足限制条件，即包含可变对价的交易对价，应当不超过在相关不确定性消除时，累计已确认的收入极可能不会发生重大转回的金额。每一资产负债表日，企业应当重新估计可变对价的金额。

例如，现金折扣在新收入准则发布后的会计处理发生了变化。现金折扣是销货方为了鼓励购货方尽早偿还欠款而提供的一种优惠，典型的表达方式如（2/10，1/20，n/30），意思是如果购货方10天内付款可以享受2%的折扣，超过10天但不超过20天付款则可以享受1%的折扣，超过20天付款则没有任何折扣。原收入准则下，将现金折扣理解为一种理财活动的收益或损失，通过"财务费用"科目反映。但是，新收入准则下，可以理解如下：企业提供现金折扣的情况下，虽然对外销售，但预期有权收取的对价金额不确定，现金折扣实质上属于一种可变对价，发生时应调整主营业务收入。

②合同中存在的重大融资成分

当商品控制权转移与客户实际付款存在时间间隔，且已承诺的对价金额与现销价格之间存在差额时，各方以在合同中明确（或隐含）约定的付款时间为客户或企业就转让商品的交易提供了重大融资利益，通常表明合同中存在重大融资成分，则应以现销价格作为交易价格，确定的交易价格与合同承诺的对价金额之间的差额应当在合同期限内采用实际利率法摊销。为简化实务操作，如果企业预计客户取得商品控制权与支付价款间隔不超过一年，可以不考虑合同中存在的重大融资成分。

从类别上而言，合同中存在重大融资成分包括为客户提供重大融资利益以及为企业提供重大融资利益两类。合同的一方会产生融资费用，在实际摊销之前记为"未确认融资费用"，合同的另一方产生融资收益，在实际摊销之前记为"未实现融资收益"。例如，较为常见的分期付款购买商品属于为客户提供重大融资利益的情形，合同中存在重大融资成分。通常，客户分期付款之和大于该商品的现销价格，二者之间的差额相当于销售方为购买方解决融资问题而收取的融资收益。企业在对相关业务处理时需要判断合同中包含的重大融资成分是为客户提供的融资利益还是为企业提供的融资利益。例如，甲公司与乙公司签订一项合同，约定甲公司向乙公司2年后交货，包括两种付款方式：乙公司可以选择在2年后付款337.08万元，也可以选择在合同签订时支付300万元。若乙公司选择在合同签订时支付300万元，表明甲公司虽然2年后交货，控制权在2年后转移，但是合同签订时即取得款项，相当于甲公司进行了融资，该合同包含重大融资成分，为销货方提供了重大融资利益。甲公司收到款项300万元时应确认合同负债337.08万元，二者的差额借记"未确认融资费用"，两年内按照实际利率法进行摊销。经过计算，合同内含利率为6%，第一年摊销18万元（300×6%），第二年摊销19.08万元。2年后交付商品时，履约义务完成，确认主营业务收入，冲减合同负债，同时结转主营业务成本。

③非现金对价

企业向客户转让商品或提供服务，收取的对价可能是现金形式，也可能是非现金形式。企业向客户转让商品有权收取的对价是非现金形式时，如实物资产、无形资产、股权等，应以非现金资产在合同开始日的公允价值确定交易价格。

合同开始日后，非现金对价的公允价值因对价形式以外的原因而变动的，应作为可变对价，按照可变对价计入交易价格的限制性规定来处理；非现金对价的公允价值因对价形式而发生变动的，该变动金额不应计入交易价格。例如，企业向客户转让商品收取的对价是股票，股票价格的变动属于因对价形式而发生的变动，不应计入交易价格。

④应付客户对价

企业在向客户转让商品的同时，需要向客户或第三方支付对价的，应当将该应付对价冲减交易价格。此处的第三方通常指向企业的客户购买本企业商品的一方，即分销链上"客户的客户"。但是，应付客户对价是为了自客户取得其他可明确区分商品的，应当采用与本企业其他采购一致的方式确认所购买的商品。应付客户对价超过自客户取得的可明确区分商品公允价值的，超过金额应当作为应付客户对价冲减交易价格。

第四步，将交易价格分摊至各单项履约义务。

分摊的一般原则。合同中包含多项履约义务的，应当在合同开始日按照各单项履约义务所承诺商品的单独售价的相对比例，将交易价格分摊至各单项履约义务。各单项履约义务所承诺商品的单独售价无法直接观察的，应该综合考虑可获得的全部信息，采用市场调整法、成本加成法、余值法合理估计单独售价。市场调整法是指根据该商品或类似商品的市场售价，结合本企业的成本和毛利适当调整，以确定单独售价的一种方法；成本加成法是指根据该商品的预计成本加上合理毛利后的金额以确定其单独售价的一种方法；余值法是指根据合同交易价格减去合同中其他商品可观察的单独售价后的金额作为该商品的单独售价的一种方法。

分摊合同折扣。当客户中所承诺商品的单独售价之和高于合同交易价格时，表明客户取得了合同折扣。合同折扣应在合同中各单项履约义务之间按比例进行分摊，除非有确凿证据表明折扣仅与合同中一项或多项履约义务相关。例如，企业经常将合同中的某几个商品以组合的方式按折扣后的金额出售，则合同整体折扣事实上仅应归属于该组合中的商品，而不是合同中的全部商品。

分摊可变对价。合同中包含可变对价的，该可变对价可能与整个合同有关，也可能仅与合同中的某一特定履约义务相关。如果可变对价的条款专门针对企业为履行某一单项履约义务所做的努力，且将合同对价中的可变金额全部分摊至该项履约义务符合分摊交易价格的目标，则应当将可变对价以及可变对价的后续变动额全部分摊至与之相关的单项履约义务。

交易价格的后续变动。合同开始日之后，由于相关不确定性的消除或者环境的其他变化，导致交易价格可能发生变化。交易价格发生后续变动的，企业应当按照在合同开始日所采用的基础将后续变动金额分摊至合同中的履约义务。对于合同变更导致的交易价格后续变动，应该按照之前合同变更的相关规定进行处理。

第五步，履行每项单项履约义务时确认收入。

新收入准则下，收入确认的重要判断标准是控制权转移。而商品控制权转移可能发生在某一时点，也可能发生在某一时段内。企业应当区分控制权转移的方式，区分某一时段内履约还是某一时点履约，分别按不同的方式进行收入的确认。以下分别介绍两种不同的履约方式。

① 在某一时段内履行的履约义务

满足下列条件之一的，属于在某一时段内履行的履约义务，相关收入在该履约义务履行期间内确认：第一，客户在企业履约的同时即取得并消耗企业履约所带来的经济利益，例如保洁、保安服务；第二，客户能够控制企业履约过程中在建的商品，如在产品、在建工程、尚未完成的研发项目；第三，企业履约过程中所产出的商品具有不可替代用途，且该企业在整个合同期间内有权就累计至今已完成的履约部分收取款项。

时段履约，则按履约进度确认收入。履约进度可以根据商品的性质采用产出法或投入法来确定。产出法的思路是通过判断已转移给客户的商品对客户的价值，如对已完工作的测量、对已实现结果的评价，来确定履约进度。当选择的产出指标无法计量控制权已转移给客户的商品时，不应采用产出法。投入法是根据企业履行履约义务的投入确定履约进度的方法，通常可采用投入的材料数量、人工工时或机器工时、发生的成本或时间进度等投入指标来确定履约进度。若企业发生的投入在整个期间内是平均发生的，也可以采用直线法来确认收入。两种方法中更为典型的是投入法中的成本法，它以已发生成本占预计总成本的比例作为履约进度，主要适用于企业整个期间内的投入均衡发生的情形。

每一资产负债表日，企业应当对履约进度进行重新估计。当客观环境发生变化时，需要重新评估履约进度是否发生变化。该变化应当作为会计估计变更进行处理。

如果无法获得确定履约进度所需的可靠信息，则无法合理确定履约进度。当履约进度不能合理确定时，企业已经发生的成本预计能够得到补偿的，应当按照已发生的成本金额确认收入，直到履约进度能够合理确定为止。

②在某一时点履行的履约义务

不属于某一时段内履行的履约义务，应当属于在某一时点履行的履约义务，在客户取得商品控制权（即客户能够主导该商品的使用并从中获得几乎全部的经济利益）时确认收入。判断控制权是否发生转移，应当考虑以下五个迹象：一是企业就该商品享有现时收款权利，即客户就该商品负有现时付款义务；二是企业已将该商品的法定所有权转移给客户，即客户已拥有该商品的法定所有权；三是企业已将该商品实物转移给客户，即客户已占有该商品实物；四是企业已将该商品所有权上的主要风险和报酬转移给客户，即客户已取得该商品所有权上的主要风险和报酬；五是客户已接受该商品。

委托代销安排下如何确认收入？委托方和受托方签订代销协议，由受托方向客户销售商品，委托方应评估受托方是否在收到商品时获得对该商品的控制权，如果委托方向受托方转让商品的同时控制权发生转移，则在发出商品时确认收入，反之，如果受托方在企业向其转让商品时尚未获得对该商品的控制权，则在发出商品时不能确认收入，而是在受托方向最终客户售出商品，通常是委托方收到代销清单时确认销售商品收入。

售后代管安排下如何确认收入？企业已经就所销售的商品收取款项或者获得了收款的权利，但是客户由于仓储空间不够或者生产进度延迟等原因而暂未提货，企业在将商品交付给客户之前继续拥有该商品实物。在这类合同下，虽然企业仍然持有该商品实物，但是客户即便不拥有商品实物，依然有能力主导该商品的使用并从中获得几乎全部的经济利益，因此，企业不再控制该商品，而只是提供了代管服务。商品虽然没有发出，但是可以确认收入。

【小案例】   **内蒙华电的收入会计政策**

内蒙华电及各子公司与取得收入的主要活动相关的具体会计政策如下：

①电力销售收入。当电力供应至各电厂所在地的电网公司时，电网公司取得电力的控制权，与此同时本公司及各子公司确认收入。

②热力销售收入。当热力供应至购热客户时，购热客户取得热力控制权，与此同时本公司及各子公司确认收入。

③燃料及原材料销售收入。本公司及各子公司在燃料及原材料的控制权转移至客户时确认收入。

④服务收入。服务收入主要指委托运行、咨询、技术等服务而收取的收入，本公司及各子公司于服务提供期间确认收入。

（资料来源：内蒙华电2023年年报）

2）合同成本等相关概念

新收入准则下提出了很多新的与合同相关的概念，例如合同成本、合同资产、合同负债等，相应产生了很多新的会计科目。

（1）合同成本

合同成本是企业为取得或履行合同而发生的成本，包括合同取得成本与合同履约成本。但并不是所有为取得和履行合同而发生的支出均应记作合同成本，应注意适用不同的准则范畴。例如企业为履行合同而购入的设备、技术，应分别适用《企业会计准则第4号——固定资产》和《企业会计准则第6号——无形资产》，而不属于合同成本。

①合同取得成本

企业为取得合同通常会发生差旅费、招标费、律师费、销售佣金等支出，但是并不是所有支出都可以作为合同取得成本。新收入准则规定企业为取得合同发生的增量成本预期能够收回的，应当作为合同取得成本确认为一项资产。但是该资产摊销期限不超过一年的，可以在发生时计入当期损益。增量成本是指企业不取得合同就不会发生的成本，例如销售佣金。企业因现有合同续约或发生合同变更需要支付的额外佣金，也属于为取得合同而发生的增量成本。因此，为取得合同而发生的支出中不属于增量成本的，不应确认为资产。上述支出中，差旅费、招标费、律师费无论是否取得合同均会发生，具有沉没成本的特征，不属于增量成本，应计入当期损益。此外，向销售经理支付的年度奖金，也不是为取得合同发生的增量成本，因为奖金的发放取决于多种因素。

企业为取得合同发生的增量成本，需要设置"合同取得成本"账户，按合同进行明细核算。该账户借方反映成本的发生，贷方反映成本的摊销。该账户的期末余额反映企业尚未结转的合同取得成本。此外，应设置备抵科目"合同取得成本减值准备"，与合同取得成本相关的资产发生减值的，借记"资产减值损失"科目，贷记"合同取得成本减值准备"科目，已计提的减值准备转回时，做相反分录。

期末，根据"合同取得成本"明细科目初始确认时摊销期限是否超过一年或一个营业周期，在资产负债表中"其他流动资产"或"其他非流动资产"项目列报，计提了减值准备的，按照减去"合同取得成本减值准备"科目余额后的金额填列。

②合同履约成本

合同履约成本是为履行合同发生的不构成其他资产的成本，且符合下列条件：第一，该成本与合同直接相关，包括直接人工、直接材料、制造费用、明确由客户承担的成本以及仅因该合同而发生的其他成本；第二，该成本增加了企业未来用于履行（包括持续履行）履约义务的资源；第三，该成本预期能够收回。

下列支出应计入当期损益：一是管理费用，除非由客户承担；二是非正常消耗的直接材料、直接人工和制造费用；三是与履约义务中已履行（包括全部履行或部分履行）部分相关的支出；四是无法在尚未履行的与已履行的履约义务之间区分的相关支出。

例如，某主体与客户签订了一项为期5年的合同，为客户信息中心提供管理服务。主体提供服务之前，搭建了一个平台供其内部使用，该平台由相关硬件和软件组成。主体需要提供设计方案，将该平台与客户现有信息系统对接，并进行相关测试。该平台并不会转让给客户，但将用于向客户提供服务。主体为履行合同发生的上述成本中，购买硬件的成本应按照固定资产准则处理，购买软件的成本按照无形资产准则处理，设计支出和测试费不属于其他准则规范的范围，但是这些成本与该合同直接相关，增加了未来用于履行履约义务的资源，并通过未来提供服务而收取的对价收回，因此该主体应将上述两项成本确认为一项资产。

③摊销与减值

企业确认的合同取得成本和合同履约成本（简称"与合同成本有关的资产"），应当采用与该资产相关的商品收入确认相同的基础进行摊销，即在履约义务履行的时点或按照履约进度进行摊销，计入当期损益。

某些情况下，企业为取得某项合同发生的增量成本确认为一项资产，但是该合同中包含多项履约义务，且这些履约义务在不同时点或时段内履行。确定摊销方式时，企业可以基于各项履约义务分摊的交易价格的相对比例，将该资产分摊至各项履约义务，再以与该履约义务的收入确认相同的基础进行摊销。或者，无须将合同取得成本分摊至各单项履约义务，而是考虑合同中包含的所有履约义务，采用恰当的方法确定合同的完成情况，即应当能够反映资产随相关商品的转移而被"耗用"的情况，并以此为基础对该资产进行摊销。

与合同成本有关的资产，其账面价值高于下列第一项减去第二项的差额的，超出部分应当计提减值准备，并确认为减值损失：一是企业因转让与该资产相关的商品预期能够取得的对价，二是为转让该相关商品估计将要发生的成本。以前期间减值因素消除的，原已计提的减值准备可以转回，并计入当期损益，但是转回的资产账面价值不应超过假定不计提减值准备的情况下该资产在转回日的账面价值。

（2）合同资产

合同资产是新收入准则下出现的一个新科目和报表项目。合同资产核算企业已向客户转让商品而有权收取对价的权利，可以按照合同进行明细核算。在资产负债表中"存货"项目之后单独列示。

与合同资产相近的一个概念是应收账款。那么，合同资产与应收账款二者有何异同呢？合同资产与应收账款均代表的是一种权利，合同资产是有权收取对价的权利，应收账款是有权收取商品或劳务供应款项的权利，二者均应在资产负债表中流动资产部分列示。但是二者之间也存在差异。确认一项合同资产，意味着企业已向客户转让商品获取了收取对价的权利，但是该权利取决于时间流逝之外的因素（例如履约因素）。因此，合同资产是一项有条件的收款权，而应收账款是无条件的收款权，仅仅随着时间流逝即可收款。应收账款只承担信用风险，而合同资产除承担信用风险之外还可能承担履约风险等，应收账款收款的确定性要强于合同资产。

例如，企业与客户签订一项合同，约定向客户销售 A、B 两项商品，合同价款为 3 000 元。合同约定，A 商品于合同开始日交付，B 商品在一个月之后交付，只有 A、B 两项商品全部交付之后，企业才有权收取 3 000 元的对价。假设分摊至 A、B 商品的交易价格分别为 900 元和 2 100 元。通过分析可以看出，该合同包含两项履约义务，A 商品于合同开始日交付，控制权转移，符合收入确认条件，但是只有两项商品均交付后才能收取对价，因此，企业交付商品 A 时确认主营业务收入 900 元，同时确认合同资产 900 元，交付商品 B 时确认主营业务收入 2 100 元。两项履约义务均完成，履约风险已不存在，可以确认收取款项的权利，即确认为应收账款。相当于确认主营业务收入 2 100 元和应收账款 2 100 元，同时将原合同资产 900 元转为应收账款。体现在账务处理上：借记应收账款 3 000 元，贷记主营业务收入 2 100 元，贷记合同资产 900 元。

（3）合同负债

合同负债是新收入准则下出现的一个新的负债科目和报表项目。合同负债核算企业已收取对价但尚未履行履约义务而产生的一项义务。该义务通过未来向客户转让商品或提供服务而清偿，在资产负债表中"预收款项"之后单独列示。企业应设置"合同负债"科目反映上述基于合同关系而产生的未履约义务。客户在收到商品前先行向企业支付合同对价或企业已经取得了无条件收取合同对价权利的，企业应当在客户实际支付款项与到期应支付款项孰早时点，按照实收或应收的金额，借记"银行存款""应收账款""应收票据"等科目，贷记"合同负债"科目；企业向客户转让相关商品或服务时，意味着履约义务完成，负债得以清偿，同时可以确认收入。体现在账务处理上，借记"合同负债"科目，贷记"主营业务收入"等科目。

与合同负债相近的是预收款业务。合同负债科目出现后，原"预收账款"科目是否仍然使用？收入准则应用指南指出企业因转让商品收到的预收款适用收入准则进行会计处理时，不再使用"预收账款"科目及"递延收益"科目。

3）八种特定交易的会计处理

新收入准则对于原收入准则和建造合同准则难以解决的一些特定交易，尤其是实务中出现的很多新经济现象作出了较为明确的规定，有助于更好地指导实务操作，提高会计信息的可比性。以下对八种特定交易情形下的会计处理加以阐述。

（1）附有销售退回条款的销售（sales with a right of return）

当合同明确约定或者隐含约定客户有权退货时，意味着销售方式为附有销售退回条款的销售。退货权可能在合同中明确规定，也可能来自商业惯例或企业的习惯性做法。但是，控制权转移前退回商品不属于销售退回。

客户取得商品控制权时，企业按照预期有权收取的对价金额（即预计不会被退回的部分）确认收入，按照预期因销售退回将退还的金额确认负债，记入"预计负债"科目。相应地结转成本时，按照预期不会被退回的部分结转主营业务成本，按照预期退回商品的成本确认一项资产，记入"应收退货成本"科目，同时贷记"库存商品"科目。

每一资产负债表日，对退货率进行重新估计，根据新的退货率对上述资产和负债进行重新计量。若退货率下降，意味着预期有权收取的对价金额增加，应将不会被退回的部分从负债转为收入，即将预计负债转为主营业务收入，同时将应收退货成本转为主营业务成本。退回实际发生时，按照实际退还的金额向客户支付款项，冲减预计负债，同时将应收退货成本转为库存商品。

但需要注意的是，附有销售退回条款的销售，在客户要求退货时，如果企业有权向客户收取一定金额的退货费，则企业在估计预期有权收取的对价金额时，应将退货费包括在内。

（2）附有质量保证条款的销售（warranties）

企业在向客户销售商品时，会根据法律规定、合同约定或企业习惯性做法对所销售商品提供质量保证。上述质量保证区分为两类不同的性质：一类是保证类质量保证，目的在于保证所销售商品符合既定标准。

另一类是服务类质量保证，在向客户保证所销售商品符合既定标准之外提供了一项单独的服务。例如，一家电脑公司向客户销售电脑，承诺一年内免费维修，同时加价提供额外一定的延保服务。

保证类质保与服务类质保应加以区分。在判断在既定标准之外是否提供了一项单独的服务时，主要考虑的因素有：第一，该质量保证是否为法定要求；第二，质量保证期限；第三，企业承诺履行服务的性质。如果某质量保证是法定要求，期限较短，承诺履行某些特定服务是为了使所售商品符合既定标准，则该质量保证为保证类质量保证。反之，则可能表明企业为客户提供了单项履约义务，为服务类质量保证。

针对保证类质量保证，应按照或有事项准则的规定进行处理；针对服务类质保，应作为单项履约义务，将交易价格在各单项履约义务之间进行分摊，即对该服务定价。保证类质保与服务类质保同时包含的，分别处理；无法合理区分的，应当将这两类质量保证作为单项履约义务按照收入准则进行处理。

（3）主要责任人和代理人（principal and agent）

企业向客户销售商品时涉及其他方的参与，应判断企业的身份是主要责任人还是代理人。在互联网销售模式下，这种判断更加必要，企业身份不同，收入确认的金额也就不同。主要责任人应按照已收或应收对价总额确认收入，代理人应按照预期有权收取的佣金或手续费的金额确认收入。必须说明的是，无论企业是主要责任人还是代理人，均应在履约义务完成时确认收入。

首先，可以根据履约义务的性质判断。企业自行向客户提供特定商品，其身份是主要责任人，企业安排他人提供特定商品，即为他人提供协助的，其身份是代理人。例如，当当网销售图书，既有自营图书，也有第三方图书，销售自营商品，身份为主要责任人，销售第三方商品，身份为代理人。再如，某旅行社从航空公司购入折扣机票后对外销售，且旅行社有自主定价权，则旅行社为主要责任人；若旅行社没有自主定价权，未能售出的机票可以退还给航空公司，则旅行社为代理人，取得的收入仅为手续费收入。

其次，可以根据企业在将特定商品转让给客户前是否控制该商品来进行判断。企业在将特定商品转让给客户前控制该商品的，属于自行向客户提供商品，企业为主要责任人；企业在将特定商品转让给客户前不控制该商品的，表明企业的身份是协助他人，企业为代理人。

委托代销方式下，委托方向受托方发出商品时能否确认收入呢？应先判断双方主体的身份。从履约义务的性质来看，委托方承担向客户提供商品的义务，但是不是自行向客户提供商品，而是安排他人代为销售商品，并且商品向客户转让前由委托方控制，一定时期内未对外出售的商品受托方可以退还给委托方，因此虽然商品实物发生了转移，但是该商品所有权上的风险和报酬并没有转移，意味着控制权并未发生转移，委托方是主要责任人，受托方为代理人。

委托方向受托方发出商品时，分别作为"委托代销商品"和"受托代销商品"进行处理。只有当受托方将商品最终销售给客户，委托方收到代销清单时才能确认商品销售收入，同时结转销售成本，从"委托代销商品"科目转为"主营业务成本"科目，并且应按照商品销售额一定比例（或根据单件商品的手续费和销售数量计算得出）向委托方支付手续费，作为销售费用。受托方收到委托方发来的商品时，确认一项资产的同时确认一项负债，借记"受托代销商品"科目，贷记"委托代销商品款"科目，将商品对外出售时，将收到的款项记作一项负债，记入"应付账款"科目，同时冲减受托代销商品和受托代销商品款，收到手续费时冲减应付账款，同时确认手续费收入，记入"其他业务收入"等科目。概括而言，委托方是主要责任人，在履约义务完成时确认商品销售收入，通常记作主营业务收入；而受托方是代理人，赚取的是手续费收入，通常记作其他业务收入。

（4）附有客户额外购买选择权（customer options for additional goods or services）

某些情况下，企业向客户销售商品的同时，向客户提供了额外购买选择权，包括销售激励、客户奖励积分、折扣券以及合同续约选择权等。

企业在销售时，应当评估向客户授权的选择权是否构成了一项重大权利。该选择权构成一项重大权利的，应当作为单项履约义务，将部分交易价格分摊至该单项履约义务。客户未来行使购买选择权或到期未行使选择权失效时，确认相应收入。

例如，某商场 2019 年 1 月 1 日开始推行一项奖励积分计划，规定客户每消费 10 元即可获得 1 个积分，每个积分在以后购物时可以抵减 1 元。商场认为授予客户的积分为客户提供了一项重大权利，应将之作为单项履约义务，将交易价格在各单项履约义务之间进行分摊，即将本期销售额在商品销售收入和积分之间进行分摊，商品控制权转移时确认销售收入，同时将剩余金额确认为预计负债，后续在客户使用积分时，确认收入。

（5）授予知识产权许可（licensing）

授予知识产权许可，是指企业将拥有的知识产权向客户授予相应的权利。常见的知识产权包括软件、技术、影视和音乐等的版权，特许经营权，专利权，商标权及其他版权等。

首先，企业应当评估授予知识产权许可是否构成单项履约义务。重要的是，判断所授予的知识产权许可是否与所售商品能够明确区分，如果知识产权许可是产品的组成部分，或者客户只有将知识产权许可与相关服务一起使用才能从中获益，表明该知识产权许可与所售商品不能明确区分，不构成单项履约义务。反之，则构成单项履约义务。

其次，判断该履约义务是某一时段内履行的履约义务还是某一时点履行的履约义务。同时满足以下条件的，属于某一时段内履行的履约义务：①合同要求或客户能够合理预期企业将从事对该项知识产权有重大影响的活动（例如对知识产权继续开发）；②该活动对客户将产生有利或不利影响；③该活动不会导致向客户转让某项商品。否则，该履约义务属于某一时点履行的履约义务。

企业向客户授予知识产权许可，并约定按照客户实际销售或使用情况收取特许权使用费的，应当在客户后续销售或使用行为实际发生与企业履行履约义务二者孰晚的时点确认收入。这是估计可变对价的一个例外规定。上述例外规定，应当对特许权使用费整体采用，而不能进行分拆，部分采用一般原则，部分采用例外规定。

（6）售后回购（repurchase）

售后回购的处理规定较之前发生了较大的变化。原准则下认为通常回购价格高于原售价，回购价与原销售价格之间的差额应在回购期间内作为利息费用处理，实质上是将售后回购行为理解为一种融资活动，通过销售换回现金流，间隔一定时间后再回购回来重新获得该资产。

新收入准则认为，售后回购通常有三种形式：一是企业与客户约定企业有义务回购该商品，即存在远期安排；二是企业有权利回购该商品，即企业拥有回购选择权；三是当客户要求时，企业有义务回购该商品，即客户拥有回售选择权。三种不同的情形下，企业与客户的权利义务的内涵不同。

企业因存在与客户的远期安排而负有回购义务或企业享有回购权利的，意味着客户主导该商品的使用并从中获得经济利益的能力受到限制，因此，在销售时点，客户并未取得该商品的控制权，具体分如下两种情况处理：一是回购价格低于原售价的，应当视为租赁交易，按租赁准则进行处理；二是回购价格不低于原售价的，应当视为融资交易，差额在回购期间内确认为利息费用。两种情况下对回购价与原售价的差额理解不同，第一种情况下，该差额实质上是租金，客户通过支付该租金取得了商品一定期间（即回购期间）的使用权；第二种情况下，该差额实质上是融资费用，企业以该商品为抵押取得了一定金额（即售价）的借款，一定期间（即回购期间）后偿还，超出的金额即为利息。例如，A公司向B公司销售一台设备，售价为200万元，约定两年后以一定价格回购。若回购价为250万元，可以理解为A公司通过现时销售从B公司取得了200万元资金，解决了融资问题，两年后需要还本付息250万元，回购价与原售价之间的差额50万元相当于两年的利息，性质上是一种融资费用；若回购价为120万元，可以理解为A公司现时高价销售，两年后低价购回，由于该设备在两年内都被B公司占有使用，则A公司少付的金额为B公司应承担的使用费。

企业应客户要求回购商品的，应当在合同开始日评估客户是否具有行使该要求权的重大经济动因。客户具有行使该要求权的重大经济动因的，应当将回购价与原售价进行比较，分别作为租赁交易或融资交易处理。反之，客户不具有行使该要求权的重大经济动因的，企业应当将售后回购作为附有销售退回条款的销售进行处理。当回购价格明显高于该资产回购时的市场价格时，通常表明客户有行权的重大经济动因。

（7）客户未行使的权利（customers' unexercised rights）

企业向客户预收款项，客户获取了在未来取得商品或服务的权利，但是款项预收时，商品控制权并未发生转移，因此不能确认收入，而应将预收款项确认为合同负债。

特殊情况下，客户向企业预付了款项，但是放弃了全部或部分合同权利，如放弃储值卡的使用，构成了客户未行使的权利。企业预期将有权获得与客户所放弃的合同权利相关的金额的，应当按照客户行使合同权利的模式按比例将上述金额确认为收入，否则只能在客户行使剩余权利可能性极低时，才能将负债转为收入。

如果法律规定，企业所收取的与客户未行使权利相关的款项需要上交政府或转交第三方的，不应确认为收入。

（8）无须退回的初始费（non-refundable upfront fees）

某些情况下，客户为了获得企业所提供的服务，需要交纳初始费，如入会费、初装费等。合同开始日，企业向客户收取无须退回的初始费，应当计入交易价格，并评估初始费是否与后续交付商品或提供服务相关。

企业应判断无须退回的初始费是否构成单项履约义务，进而确定是否需要对交易价格进行分摊。

企业收取了无须退回的初始费且为履行合同开展了初始活动，如一些行政管理的准备工作，这些活动虽然与履行合同相关，但并没有向客户转让已承诺商品，因此不能作为单项履约义务，不能在初始活动完成时将初始费确认为收入，而应作为预收款，未来转让商品时确认为收入。上述初始活动发生的支出，性质上属于合同履约成本，应确认为一项资产或计入当期损益。

【小案例】 　　　　　　　　　华润燃气的接驳费

华润燃气控股有限公司（证券简称：华润燃气，股票代码：01193）是华润集团旗下的一家燃气公司。华润燃气主要从事下游城市燃气分销业务，包括管道天然气分销及天然气加气站业务及燃气具销售。

华润燃气 2023 年年报显示，燃气接驳（gas connection）收入按投入法计量，即根据年内已发生成本与估计总成本的比例确认收入。当燃气接驳建造合同的结果无法可靠估计时，应以可能收回的已发生合同成本为限进行确认。

从 2023 年的分部信息可以看出，在全部收入中，销售及分销气体燃料及相关产品的分部收入为 73 亿港元，燃气接驳的分部收入为 40 亿港元。可见，对于华润燃气而言，燃气接驳是其收入的一个重要来源。

（资料来源：华润燃气 2023 年年报）

1.2.3　政府补助准则

《企业会计准则第 16 号——政府补助》于 2006 年发布，但在执行过程中陆续发现了一些不足，2017 年 5 月 10 日财政部发布了《关于印发修订〈企业会计准则第 16 号——政府补助〉的通知》（财会〔2017〕15号），要求自 2017 年 6 月 12 日起施行。新旧政府补助准则的差异主要集中在以下几个方面。

1）对政府补助的界定更加明确

从政府无偿获得经济资源，不要求获得回报是政府补助的本质特征。实务中，从政府获得资源有可能表现为企业从政府获得的资本性投入，也有可能是政府向企业购买服务而支付的对价，新政府补助准则将上述三种情形严格区分开来，指出政府补助是指企业从政府无偿取得货币性资产或非货币性资产，包括政府对企业的无偿拨款、税收返还、财政贴息，以及无偿给予非货币性资产等形式。

2）对政府补助的会计处理更加合理

原政府补助准则下，政府补助不论哪种做法，最终都是计入营业外收入，也就是将政府补助的取得归结为非日常活动所产生的收益。但从实务中来看，有些政府补助的取得是与企业的经营活动有关的，对政府补助的原因不加区分统一处理有失偏颇。因此，新政府补助准则规定，与日常活动相关的政府补助记入"其他收益"科目，影响营业利润，与日常活动无关的政府补助计入营业外收支。新政府补助准则的会计处理更加合理。相应地，在利润表中增设"其他收益"项目，反映与企业日常活动相关的政府补助。

3）在保留总额法的基础上引入了净额法

原政府补助准则规定取得的政府补助单独进行处理，与资产相关的补助先计入递延收益，再按照折旧进度分期摊销计入营业外收入，与收益相关的补助，若是为了补偿以后发生的成本费用，则先计入递延收益再分期转为营业外收入。也就是说，政府补助虽然与资产相关或与收益相关，但是在处理时政府补助、资产或收益是完全割裂的，这样的处理方法事实上是总额法的体现。

国际会计准则中对政府补助的处理方法有总额法和净额法两种。我国修订后的政府补助准则在保留总额法的基础上引入了净额法。与资产相关的政府补助，应当冲减相关资产的账面价值或确认为递延收益。与收益相关的政府补助，用于补偿以后期间的相关成本费用或损失的，确认为递延收益，以后期间分摊计入当期损益或冲减相关成本；用于补偿已发生的相关成本费用或损失的，直接计入当期损益或冲减相关成本。从经济后果来看，总额法和净额法对损益的影响是相同的。以与资产相关的政府补助为例，总额法下资产按原值记录，使用期间分期转销计入损益，政府补助单独记作递延收益而后转为损益；而净额法下资产按照原值减去政府补助的金额记录，使用期间分期摊销额相应减少。

4）对政策性优惠贷款贴息的会计处理做了明确规定

政策性优惠贷款贴息区分将贴息资金拨付给贷款银行和将贴息资金直接拨付给企业两种情形。

原政府补助准则不涉及将贴息资金拨付给贷款银行这种情形，因为这种方式下企业未获得直接支付。为与国际会计准则趋同，修订的新准则将上述情况也包括进来，有两种方法可供选择：第一种是以实际收到的借款金额作为借款的入账价值，按照借款本金和政策性优惠利率计算相关借款费用；第二种是以借款的公允价值作为借款的入账价值，按照实际利率法计算借款费用，实际收到的金额与公允价值之间的差额确认为递延收益，递延收益在借款存续期内采用实际利率法摊销，冲减相关借款费用。上述两种方法一经选择，不得随意变更。

1.2.4 租赁准则

2018年12月17日财政部发布修订的《企业会计准则第21号——租赁》（以下简称"新租赁准则"），要求于2019年1月1日起施行。从准则修订的背景来看主要是缘于以下两点：一是原租赁准则并没有全面反映租赁业务产生的权利义务，因而影响资产负债的全面列报；二是租赁类型的区分依赖于一些明显规定，在实务中容易出现通过构造交易以符合租赁条件的情形，降低了财务报表的可比性。

新租赁准则最大的变化之处在于改变了承租人的会计处理。原租赁准则中承租人要区分租赁类型，满足条件的作为融资租赁，不满足条件的作为经营租赁。按照实质重于形式原则，融资租赁取得的固定资产要视同自有资产，也就是要表内反映，进而对资产、损益产生影响；但经营租赁取得的固定资产只能是表外反映。因此，同样的标的物，因租赁条款的不同，租赁类型也就不同，会计处理和报表影响就截然不同。

新租赁准则下，对于承租人而言，不再区分租赁类型，纳入统一的模型中，确认使用权资产（right of use）和租赁负债（lease liability）。相应地，企业应设置"使用权资产"科目以及其备抵科目"使用权资产累计折旧"和"使用权资产减值准备"，按照"使用权资产"科目的借方余额减去"使用权资产累计折旧"和"使用权资产减值准备"的贷方余额后的净额列示在资产负债表中的"使用权资产"项目，同样地，资产负债表中的"租赁负债"项目根据"租赁负债"科目余额填列，反映承租人尚未支付的租赁付款额的账面价值。

新租赁准则下，对于出租人而言，仍然需要区分租赁类型，按照实质重于形式原则，与租赁资产所有权有关的风险和报酬发生了转移则作为融租租赁，否则为经营租赁。

具体来说，一项租赁存在下列一种或多种情形的，通常分类为融资租赁：①租赁期届满时，租赁资产的所有权转移给承租人；②承租人有购买租赁资产的选择权，所订立的购买价款与预计行使选择权时租赁资产的公允价值相比足够低，因而在租赁开始日就可以合理确定承租人将行使该选择权；③资产的所有权虽然不转移，但租赁期占租赁资产使用寿命的绝大部分；④在租赁开始日，租赁收款额的现值几乎相当于租赁资产的公允价值；⑤租赁资产性质特殊，如果不作较大改造，只有承租人才能使用。可见，判断租赁类型时，应注重交易实质，而不是合同形式。

一项租赁存在如下一项或多项迹象的，也可能分类为融资租赁：①若承租人撤销租赁，对出租人造成的损失则由承租人承担；②资产余值的公允价值波动所产生的利得或损失归属于承租人；③承租人有能力以远低于市场水平的租金继续租赁至下一期间。上述迹象表明租赁资产的有关风险和报酬由承租人承担，或者承租人可以优惠续租，符合融资租赁的分类条件。

由于新租赁准则对承租人会计处理做了较大变更，所以以下从初始计量、后续计量以及豁免要求、售后租回四个方面对新租赁准则下的要点加以详细阐释。

1）初始计量

新租赁准则完善了租赁的定义，增加了租赁识别、分拆、合并等内容。租赁是一定期间内，出租方转移一项资产的使用权以获取对价的合同。因而出租方让渡资产使用权，目的在于获取对价；承租方取得资产使用权，需要支付一定的对价。一项合同被分类为租赁，需要满足三要素：一是存在一定的期间，二是存在已识别资产，三是资产供应方向客户转移对已识别资产使用权的控制。除非合同条款或条件发生变化，企业无须重新评估合同是否为租赁或者是否包含租赁。

租赁期间是承租人有权使用租赁资产且不可撤销的期间，若承租人有续约选择权且能合理确定行使该选择权的，续约期间也应包含在租赁期间内，若承租人有终止租赁选择权且能合理确定不会行使该选择权的，终止租赁选择权涵盖的期间也应当包括在内。

如果原租赁合同条款之外的租赁范围、租赁对价、租赁期限发生变更，通过变更增加一项或多项租赁资产的使用权而扩大了租赁范围，且增加的对价与租赁范围扩大部分的单独对价按该合同情况调整后的金额相当，则应当将租赁变更作为一项单独租赁进行会计处理。

租赁期开始日，承租方需要确认一项使用权资产和一项租赁负债。使用权资产的计量一定程度上取决于租赁负债的计量。

使用权资产初始按成本计量。其成本包括：①租赁负债的初始计量金额；②租赁期开始日或之前的租赁付款额；③承租人发生的初始直接费用；④承租人为移除、拆卸租赁资产或将其恢复至租赁条款约定状态预计发生的支出。但是，存在租赁激励的，在确定租赁付款额时，应扣除承租人已享受的租赁激励相关金额。可见，使用权资产的初始计量与租赁负债的初始计量紧密相关。

租赁负债应按租赁期开始日尚未支付的租赁付款额的现值进行初始计量。承租方为取得租赁资产使用权需要在未来各期支付的款项，按照一定的折现率进行折现，即租赁负债是租赁付款额的现值。折现率优先采用租赁内含利率，无法确定租赁内含利率的，应当采用增量借款利率作为折现率。承租人向出租人支付的租赁付款额包括：①固定付款额；②变动付款额，取决于一定的指数或比率；③购买选择权的行权价格，前提是承租人具有购买选择权且合理确定将行使该选择权；④行使终止租赁选择权需支付的款项，前提是租赁期反映出承租人预计将行使该终止租赁选择权；⑤根据承租人提供的担保余值预计应支付的款项。

科目设置上而言，租赁合同下，承租人应设置"使用权资产""使用权资产累计折旧""使用权资产减值准备"等资产类科目，以及"租赁负债"科目，并设置"租赁付款额""未确认融资费用"进行明细核算。

租赁期开始日，承租人确认使用权资产，并确认租赁负债，其中按照未来各期付款额之和贷记"租赁付款额"明细科目，尚未支付的租赁付款额与其现值之间的差额记入"未确认融资费用"明细科目。典型的账务处理是借记"使用权资产"科目，借记"租赁负债——未确认融资费用"科目，贷记"租赁负债——租赁付款额"科目。

2）后续计量

使用权资产后续按成本模式计量。使用权资产确认后，承租人需要对使用权资产计提折旧。承租人能够合理确定租赁期届满时取得租赁资产所有权的，折旧期间为该资产的预计使用寿命；否则在租赁资产使用寿命与租赁期二者孰短的期间内计提折旧。使用权资产是否发生减值，适用资产减值准则的规定。因此，成本模式下，使用权资产的账面价值为成本减去使用权资产累计折旧和使用权资产减值准备后的金额。

租赁期间内，承租人应按照固定的周期性利率计算租赁负债各期的利息费用，计入当期损益或相关资产成本，同时增加租赁负债的账面价值；周期性利率是指对租赁负债进行初始计量时所采用的折现率，或者因租赁付款额发生变动或因租赁变更对租赁负债重新计量时所采用的修订后的折现率。

典型的账务处理体现为，租赁负债确认后，后续期间需要对未确认融资费用进行摊销，确认利息费用时，增加租赁负债的账面余额，即借记"财务费用""在建工程"等科目，贷记"租赁负债——未确认融资费用"科目；支付租赁付款额时，减少租赁负债的账面余额，即借记"租赁负债——租赁付款额"科目，贷记"银行存款"等科目。

此外，在后续期间还可能发生租赁负债重新计量的情形。第一类：续租选择权或终止租赁选择权的评估结果发生变化，应根据新的租赁期重新确定租赁付款额；购买选择权的评估结果发生变化，应根据新的评估结果重新确定租赁付款额。上述情形发生后，需要按变动后的租赁付款额和修订后的折现率计算的现值重新计算租赁负债。第二类：租赁期开始日后，实质固定付款额发生变动，或者担保余值预计的应付金额发生变动，或者用于确定租赁付款额的相关指数或比例发生变动导致未来付款额发生变动，承租人应根据变动后租赁付款额的现值重新计量租赁负债。上述两类情形导致租赁负债重新计量的，使用权资产的账面价值需要相应调整。使用权资产的账面价值已经调减至零，但租赁负债仍需进一步冲减的，承租人应当将剩余金额计入当期损益。

此外，租赁变更未作为一项单独租赁进行处理的，在变更生效日承租人应对变更后合同的对价进行分摊，重新确定租赁期，并按照变更后的租赁付款额和修订后的折现率计算的现值重新计量租赁负债。租赁变更导致租赁范围缩小或租期缩短的，应当调整使用权资产的账面价值，按照缩小或缩短的相应比例，借记"租赁负债——租赁付款额""使用权资产累计折旧""使用权资产减值准备"科目，贷记"租赁负债——

未确认融资费用""使用权资产"科目,差额为与部分终止租赁或全部终止租赁相关的利得或损失,记入"资产处置损益"科目。

3)豁免要求

新租赁准则形成了一个统一的核算模型,要求承租人确认使用权资产和租赁负债,分别进行初始计量和后续计量。从中可以看出,核算较为复杂。出于简化核算的考虑,新租赁准则对短期租赁和低价值资产租赁作出了特别的规定。

短期租赁,是指租赁期开始日,租赁期不超过12个月的租赁。低价值资产租赁,是指单项资产为全新时价值较低的租赁。但是,包含购买选择权的租赁不属于短期租赁。承租人转租或预期转租租赁资产的,原租赁不属于低价值资产租赁。

对于短期租赁和低价值资产租赁,承租人可以选择不确认使用权资产和租赁负债,在租赁期内按照直线法或其他系统合理的方法将租赁付款额分期计入当期损益或相关资产成本。低价值资产租赁可以使用该简化规定,但低价值如何衡量,准则未给予明确的界定标准或类似的实例。

已采用上述简化规定处理的短期租赁发生租赁变更或者因租赁变更之外的原因导致租赁期发生变化的,承租人应将其视为一项新租赁进行会计处理。

4)售后租回

售后租回,从字面上来看,包含两种行为,即销售和租赁。某主体(假设为A公司)将一项资产先行出售给其他主体(假设为B公司),间隔一定期间后再租回。可见,每家公司均扮演了两种身份。A公司既是第一个行为中的销售方,又是第二个行为中的承租方;B公司既是第一个行为中的购买方,又是第二个行为中的出租方。很显然,A公司将资产出售给B公司的行为和一般意义上的销售有着较大的不同。

针对售后租回行为,新租赁准则规定应先判断转让是否属于销售,进而进行不同的处理。判断是否属于销售,适用新收入准则,从履约义务是否完成,与该资产相关的收益是否由购买方获得等方面评估是否符合控制权转移的标准。

售后租回中的资产转让不属于销售的，控制权并未发生转移，销售方（也就是承租方）继续确认转让资产，并将收到的款项确认为一项金融负债，出租人不确认被转让资产，但应当确认一项与转让收入等额的金融资产，金融负债与金融资产均按照金融工具准则进行会计处理。

售后租回中的资产转让属于销售的，控制权发生转移，销售方（也就是承租方）应当确认使用权资产与租赁负债，并仅就转让至购买方（也就是出租方）的权利确认相关利得与损失。具体来说，应按原资产账面价值中与租回获得的使用权资产有关的部分，计量售后租回形成的使用权资产，原资产公允价值与账面价值之间的差额在未实现与已实现之间进行区分，与使用权资产相关的部分可以理解为未实现的部分，剩余部分为通过转让实现的部分。

售后租回中的转让属于销售，但转让价格不同于公允价值，或出租人未按市场价格收取租金。企业应将销售对价低于市场价格的款项作为预付租金进行处理，销售对价高于市场价格的款项作为出租人向承租人提供的额外融资进行处理。同时，承租人按照公允价值调整相关销售利得或损失，出租人按市场价格调整租金收入。

1.2.5 持有待售的非流动资产、处置组和终止经营

随着经济业务的不断发展，尤其是近年来国务院化解产能过剩，推动"三去一降一补"工作，财政部于2017年4月26日发布了《企业会计准则第42号——持有待售的非流动资产、处置组和终止经营》，自2017年5月28日起施行。

如果一项非流动资产，主要是通过出售而非持续使用来收回其账面价值，则应当将其划分为持有待售类别。划分为持有待售类别，其计量和列报均会发生变化。本准则对非流动资产、处置组的分类、计量和列报以及终止经营的列报进行了规范。

1）持有待售类别的划分

资产按流动性区分为流动资产和非流动资产，非流动资产是指流动资产以外的资产。根据《企业会计准则第30号——财务报表列报》，流动资产是指满足下列条件之一的资产：①预计在一个正常营业周期中变

现、出售或耗用；②主要为交易目的而持有；③预计在资产负债表日起一年内变现；④自资产负债表日起一年内，交换其他资产或清偿负债的能力不受限制的现金或现金等价物。

处置组，是指在一项交易中作为整体通过出售或其他方式一并处置的一组资产，以及在该交易中转让的与这些资产直接相关的负债。资产组是企业可以认定的最小资产组合。处置组可能是一组资产组组合、一个资产组或某个资产组的一部分。

非流动资产或处置组同时满足下列两个条件，则被划分为持有待售类别：一是在当前状况下可立即出售。二是出售极可能发生。"可立即出售"是指企业具有在当前状态下出售该非流动资产或处置组的意图和能力，"出售极可能发生"是指企业已经就出售计划达成协议且获得确定的购买承诺，出售预计在一年内完成。特殊地，如果发生的是非关联方交易，允许放松一年期限的条件，由于一些企业无法控制的原因（如意外设定条件、不可抗力引发或宏观经济形势急剧变化等罕见情况）导致出售无法在一年内完成，仍然可以维持原持有待售的分类。若持有待售的非流动资产或处置组不再满足持有待售划分条件，则不应当继续将其划分为持有待售类别。

特别地，对于企业专为转售而新取得的非流动资产或处置组，如果在取得日满足"预计出售将在一年内完成"的条件，且短期（通常为3个月）内很可能满足划分为持有待售类别的其他条件，则应当在取得日将其划分为持有待售类别。

某些情况下，企业出售对子公司的投资但并不丧失对其的控制权，企业不应当将拟出售的部分对子公司的投资或对子公司的投资整体划分为持有待售类别。企业因出售对子公司的投资等原因导致其丧失对子公司控制权的，无论出售后企业是否保留部分权益性投资，都应当在拟出售的对子公司的投资满足持有待售类别划分条件时，在母公司个别财务报表中将对子公司的投资整体划分为持有待售类别，在合并财务报表中将子公司所有资产和负债划分为持有待售类别。

拟结束使用而非出售的非流动资产或处置组不应当被划分为持有待售类别，暂停使用的非流动资产也不应当被划分为持有待售类别。

就科目设置而言，企业应设置"持有待售资产"科目，按照资产类别进行明细核算，反映持有待售的非流动资产或处置组的账面余额，对于处置组中的负债，应设置"持有待售负债"科目，按照负债类别进行明细核算，反映持有待售的处置组中负债的账面余额。对于持有待售的非流动资产或处置组计提或转回的减值准备，应设置"持有待售资产减值准备"科目，并按资产类别进行明细核算。对于划分为持有代售的非流动资产或处置组出售时产生的利得或损失，应设置"资产处置损益"科目，并按处置的资产类别或处置组进行明细核算。

2）持有待售类别的计量

（1）初始计量

企业将非流动资产或处置组首次划分为持有待售类别前，按照相关准则确定资产的账面价值，并判断是否存在减值迹象，考虑是否需要进行减值测试，比较账面价值与公允价值减去出售费用的净额。若前者高于后者，则确认减值损失，同时计提减值准备。其中，出售费用是指为出售而发生的法律费用、评估、咨询等费用以及相关的消费税、城市维护建设税、印花税等，但不包括财务费用和所得税费用。

就账务处理而言，相关资产被划分为持有待售类别时，借记"持有待售资产"科目，转销资产累计已计提的折旧额或摊销额时，借记"累计折旧""累计摊销"科目，按资产账面余额，贷记"固定资产""无形资产""长期股权投资""应收账款""商誉"等科目，此外相关非流动资产在结转前已计提减值准备的，还应结转相关资产减值准备科目。相关处置组划分为持有待售类别时，按相关负债的账面余额，借记"应付账款""应付职工薪酬"等科目，贷记"持有待售负债"科目。

（2）后续计量

持有待售非流动资产后续期间不计提折旧或摊销。资产负债表日，持有待售非流动资产的账面价值应减记至公允价值减去出售费用后的净额，减记的金额确认为资产减值损失，计入当期损益，同时计提持有待售资产减值准备。后续期间公允价值减去出售费用后的净额增加时，原减记的金额可以恢复，并在划分为持有待售类别后确认的资产减值损失金额内转回，但在划分为持有待售类别前确认的减值损失不可以转回。

持有待售的处置组，后续计量原则与持有待售的非流动资产类似。如果该处置组包含商誉，应先抵减商誉的账面价值，再在处置组中其他非流动资产之间按账面价值的比例进行分摊。日后转回时，已抵减的商誉的账面价值不得转回。

持有待售处置组中的非流动资产不应计提折旧或摊销，但持有待售处置组中的负债以及不适用该准则计量规定的其他资产的利息或租金收入、支出及其他费用应当继续予以确认。

（3）不再划分为持有待售类别的计量

非流动资产或处置组不再满足持有待售类别划分条件时，应按以下二者孰低计量：一是划分为持有待售类别前的账面价值，也就是假定不划分为持有待售类别的情况下，按照应计提的折旧、摊销、减值等调整后的金额；二是可收回金额。

（4）持有待售类别的终止确认

企业终止确认持有待售的非流动资产或处置组时，应当将尚未确认的利得或损失计入当期损益。处置持有待售的境外经营时，应当将与该境外经营相关的外币财务报表折算差额，自其他综合收益转入当期损益。部分处置的，按处置比例将处置部分的外币报表折算差额转入处置当期损益。

3）持有待售及终止经营的列报

（1）持有待售非流动资产及处置组的列报

持有待售资产、持有待售负债应单独列示。具体而言，在资产负债表中"一年内到期的非流动资产"项目前增设"持有待售资产"项目，反映持有待售非流动资产以及划分为持有待售处置组中的流动资产和非流动资产的账面价值。在"一年内到期的非流动负债"项目前增设"持有待售负债"项目，反映持有待售处置组中与划分为持有待售类别的资产直接相关的负债的账面价值。

（2）终止经营的列报

终止经营，是指企业满足下列条件之一的、能够单独区分的组成部分，且该组成部分已经处置或划分为持有待售类别：①该组成部分代表一项独立的主要业务或一个单独的主要经营地区；②该组成部分是拟对一项独立的主要业务或一个单独的主要经营地区进行处置的一项关联计划的一部分；③该组成部分是专为转售而取得的子公司。

终止经营是企业可以单独区分的组成部分，并且应当具有一定的规模，通常是企业的一家子公司、一个事业部或事业群。此外，终止经营需要满足一定的时点要求：该组成部分在资产负债表日之前已经处置，包括已经出售和结束使用（如关停或报废等），或者该组成部分在资产负债表日之前已经被划分为持有待售类别。

企业财务报表的编制通常都是基于持续经营基础，但是会计期间内某个组成部分终止经营，那么该会计期间内的损益就包括两部分：持续经营损益和终止经营损益。终止经营损益包括终止经营的经营活动损益、处置损益等。相应地，在利润表中增设"持续经营净利润"项目和"终止经营净利润"项目，净利润按持续性分类列示，有助于报表使用者对企业盈利能力的可持续性作出评价。

【小案例】 **复星医药的持有待售资产**

复星医药2023年合并资产负债表显示，持有待售资产期初余额为419 577 812.77元，期末余额为0。主要原因在于，2021年8月23日，公司公告董事会决议，决定转让所持有天津药业25.0011%的股权。本次转让价款总额为1 432 563 030元。本次转让将分三期付款及交割，各期分别转让天津药业8.3337%的股权。截至2023年底，本公司已完成所有25.0011%的股权转让手续，并取得了转让天津药业25.0011%的所有股权款共计1 432 563 030元。

复星医药2024年第一季度报告显示，持有待售资产期末余额为1 123 782 148.23元，主要系控股子公司健嘉医疗已签约出售的医疗资产。截至2024年3月31日，该项转让尚未完成交割，所以将其归类至持有待售资产及负债科目。

（资料来源：复星医药2023年年报、2024年第一季度报告）

1.2.6 债务重组准则

为了配合新金融准则、新收入准则，保持准则体系的内在协调，2019年5月16日财政部发布了《关于印发修订〈企业会计准则第12

号——债务重组〉的通知》（财会〔2019〕9号），与原债务重组准则相比，债务重组的定义、方式及重组双方的会计处理等方面发生了一定的变化。

1）修订了债务重组的定义

原债务重组准则规定债务重组是指在债务人发生财务困难的情况下，债权人按照其与债务人达成的协议或者法院的裁定作出让步的事项。上述定义中强调债务重组的一个重要特征是债务人发生财务困难，债权人作出让步。

新债务重组准则将债务重组定义为"在不改变交易对手方的情况下，经债权人和债务人协定或法院裁定，就清偿债务的时间、金额或方式等重新达成协议的交易"，取消了原准则中"债务人发生财务困难""债权人作出让步"的表述，可见，新债务重组准则的适用范围比原准则扩大。此外，新定义增加了如下限定：债务重组涉及的债权、债务是《企业会计准则第22号——金融工具确认和计量》规范的金融工具，增加了准则之间的协调度。

2）进一步明确了债务重组方式

原准则规定债务重组的方式主要包括四种：一是以资产清偿债务；二是将债务转为资本；三是修改其他债务条件，如减少债务本金、减少债务利息等，不包括上述第一、第二种方式；四是以上三种方式的组合。

新准则将原准则规定中的第二种方式"债务转为资本"修改为"债务转为权益工具"，原准则规定的第三种、第四种方式修改为"除第一项和第二项外，采用调整债务本金、改变债务利息、变更还款期限等方式修改债权和债务的其他条款，形成重组债权和重组债务"，与原准则相比表述更加明晰，并增加了"重组债权"和"重组债务"的表述，重组债权和重组债务仍然适用金融工具准则。

3）增加了有关情形适用其他准则的表述

新准则第四条规定涉及的债权、重组债权、债务、重组债务和其他金融工具的确认、计量和列报，适用金融工具准则；通过债务重组形成企业合并的，适用企业合并准则；债权人或债务人中的一方直接或间接对另一方持股且以股东身份进行债务重组的，或者债权人与债务人在债务重组前后均受同一方或相同多方最终控制，且该债务重组的交易实质是债权人或债务人进行了权益性分配或接受了权益性投入的，适用权益性交易的会计处理规定。

4）债权人会计处理的变化

（1）以资产清偿债务

与原准则相比，以非现金资产清偿债务的，非现金资产的入账成本发生了变化。原准则规定通过债务重组方式取得的资产应按公允价值入账，新准则规定以放弃债权的公允价值和直接归属于该资产的相关税费计量，放弃债权的公允价值与账面价值之间的差额，应当计入当期损益。新准则列举了不同资产的成本构成，如存货的成本包括放弃债权的公允价值和使资产达到当前场所和状态所发生的可直接归属于该资产的税金、运输费、装卸费、保险费等其他成本。随之产生的问题是：所放弃债权的公允价值如何确定？新准则并未给予明确的规定。

（2）将债务转为权益工具

将债务转为权益工具方式进行重组的，原准则规定债权人应当将享有股份的公允价值确认为对债务人的投资，新准则规定采用将债务转为权益工具方式进行债务重组导致债权人将债权转为对联营企业或合营企业的权益性投资的，债权人应当以放弃债权的公允价值和可直接归属于该资产的税金等其他成本作为投资成本。

（3）以组合方式进行债务重组

以组合方式进行债务重组的，处理顺序发生了改变。原准则规定应当依次以收到的现金、接受的非现金资产公允价值、债权人享有股份的公允价值冲减重组债权的账面余额，再进行处理。新准则规定先按金融工具准则确认和计量受让的金融资产和重组债权，然后按照受让的金融资产以外的各项资产的公允价值比例，对放弃债权的公允价值扣除受让金融资产和重组债权确认后的净额进行分配，进而确定各项资产的成本。放弃债权的公允价值与账面价值之间的差额计入当期损益。

5）债务人会计处理的变化

（1）债务人以资产清偿债务

原准则将债务人对以现金清偿债务和以非现金资产清偿债务两种方式分别加以规定。以现金清偿债务的，应将重组债务的账面价值与实际支付现金之间的差额，计入当期损益。以非现金资产清偿债务的，非现金资产的公允价值与账面价值之间的差额计入当期损益，重组债务的账面价值与转让的非现金资产公允价值之间的差额，计入当期损益。新准则对上述两种方式未加以区分，统一规定以资产清偿债务方式进行债务重组的，应在相关资产和重组债务符合终止确认条件时进行终止确认，所清偿债务的账面价值与转让的非现金资产的账面价值之间的差额计入当期损益。

从性质上来看，非现金资产的公允价值与账面价值之间的差额为资产处置损益，转让的非现金资产公允价值与重组债务的账面价值之间的差额为债务重组利得，原准则对于上述两个损益分别进行处理，新准则对上述两个损益不再加以区分，直接按照所清偿债务账面价值与转让资产账面价值之间的差额计入当期损益。

（2）修改其他条款方式

原准则规定，修改其他债务条件的，债务人应当以修改其他债务条件后债务的公允价值作为重组后债务的入账价值。修改后的债务条款如涉及或有应付金额，符合条件的应确认为预计负债。差额均计入当期损益。

或有应付金额是指根据未来某种事项发生时（未来，该事项的发生或不发生具有不确定性）应支付的金额。新准则删除了或有应付金额的规定，以修改其他条款方式进行债务重组的，应按照金融工具准则确认和计量重组债务。相应地，披露要求中也删除了债务人或有应付金额、债权人或有应收金额的规定。

（3）以组合方式进行债务重组

原准则规定，以组合方式进行债务重组的，债务人的会计处理有一定的顺序。债务人应当依次以支付的现金、转让的非现金资产公允价值、债权人享有股份的公允价值冲减重组债务的账面价值，再按有关规定处理。

新准则规定，以组合方式进行债务重组的，债务人的处理没有先后顺序。若债务转为权益工具，债务人应当按照公允价值对权益工具进行初始确认和计量，若修改债务条款，债务人按照金融工具准则进行处理，所清偿债务的账面价值与转让资产的账面价值以及权益工具和重组债务的确认金额之间的差额，应当计入当期损益。

1.2.7 非货币性资产交换准则

主体取得资产的方式有很多，可以是外购、自制、投资者投入，也可以通过债务重组方式取得或通过非货币性资产交换取得。非货币性资产交换，顾名思义，是不涉及或只涉及少量货币性资产的交换。在交换中，双方均换出一定的资产，也换入一定的资产，那么换出资产和换入资产如何计量？资产交换与一般的商业交易有何不同？这些都是该准则需要解决的问题。

为了与其他准则，尤其是新收入准则相适应，2019年5月9日财政部发布《关于印发修订〈企业会计准则第7号——非货币性资产交换〉的通知》（财会〔2019〕8号），于2019年6月10日起施行。非货币性资产交换准则的主要修订之处体现在如下几个方面。

1）非货币性资产交换的定义与适用范围发生变化

相比原准则，删除了以存货的交换，增加了以投资性房地产的交换，相应地，适用范围中排除了以存货的交换，明确规定以存货换取客户的非货币性资产，适用收入准则。同样地，明确了适用企业合并、长期股权投资、金融工具、租赁等准则以及适用权益性交易会计处理规定的情形。

2）对"货币性资产"重新定义

原准则规定货币性资产是指企业持有的货币资金和将以固定或可确定的金额收取的资产，包括现金、银行存款、应收账款和应收票据以及准备持有至到期的债券投资等。新准则将货币性资产定义为企业持有的货币资金和收取固定或可确定金额的货币资金的权利。

相比之下，原准则对货币性资产进行了列举，其中准备持有至到期的债券投资的说法与现有金融工具准则不相符合，采用列举的方法容易挂一漏万，而新准则避免了上述缺点，将货币性资产概括为一种收取固定或可确定金额的权利，对货币性资产的定义更加准确，对其本质认识更加深刻。

3）对换入资产和换出资产的确认更加明确

在非货币性资产交换中双方均需要对换出资产进行终止确认，对换入资产进行初始确认，但原准则对于换入资产的初始确认和换出资产的终止确认并未给予明确的规定。

新准则规定对于换入资产应当在符合资产定义并满足资产确认条件时予以确认；换出资产应当在满足资产终止确认条件时终止确认。若二者时点不一致，换入资产初始确认的同时确认一项负债，换出资产终止确认的同时确认一项资产。可见，新准则更加强调权利义务关系。

4）以公允价值为基础计量方面，对换入资产的计量更加明确

原准则对于以公允价值作为计量基础，规定较为模糊。新准则对之加以明确，规定有确凿证据表明换入资产的公允价值更加可靠的，对于换入资产，应当以换入资产的公允价值和应支付的相关税费作为换入资产的初始计量金额。

5）同时换入多项资产的处理更加明确

非货币性资产交换中，同时换入多项资产时，换入资产如何进行成本确定？原准则规定按照公允价值比例或账面价值比例进行分摊。

新准则对于同时换入多项资产，区分以公允价值为基础和以账面价值为基础两种情形分别处理，并且对换入的金融资产进行扣除性考虑。

1.3 财务报表格式的修订

经济业务处理的结果最终会体现在财务报表上，随着会计准则的变化，财务报表格式也在不断发生变化。

1.3.1 我国财务报表格式修订

伴随着金融工具准则、收入准则、政府补助等准则的修订以及持有

待售的非流动资产、处置组和终止经营准则的发布，我国财务报表格式也在不断修订。

2018年6月15日财政部下发财会〔2018〕15号文，即《关于修订印发2018年度一般企业财务报表格式的通知》，同时提供了两套财务报表格式，分别适用于尚未执行新金融准则和新收入准则的企业、已执行新金融准则和新收入准则的企业。伴随着一般企业财务报表格式的变化，金融企业财务报表和合并财务报表格式相应做了调整。2018年12月26日财政部下发财会〔2018〕36号文，即《关于修订印发2018年度金融企业财务报表格式的通知》，2019年1月18日财政部下发财会〔2019〕1号文，即《关于修订印发2018年度合并财务报表格式的通知》。

伴随着2019年新租赁准则的实施，2019年4月30日财政部下发财会〔2019〕6号文，即《关于修订印发2019年度一般企业财务报表格式的通知》。已执行新金融准则、新收入准则、新租赁准则的一般企业资产负债表、利润表分别见表1-5、表1-6，现金流量表和所有者权益变动表略。

表1-5 　　　　　　　资产负债表　　　　　　　会企01表

（适用于执行新金融准则和新收入准则、新租赁准则的企业）

编制单位：　　　　　　年　月　日　　　　　　单位：元

资　产	期末余额	上年年末余额	负债和所有者权益（或股东权益）	期末余额	上年年末余额
流动资产：			流动负债：		
货币资金			短期借款		
交易性金融资产			交易性金融负债		
衍生金融资产			衍生金融负债		
应收票据			应付票据		
应收账款			应付账款		
应收款项融资			预收款项		

续表

资　产	期末余额	上年年末余额	负债和所有者权益（或股东权益）	期末余额	上年年末余额
预付款项			合同负债		
其他应收款			应付职工薪酬		
存货			应交税费		
合同资产			其他应付款		
持有待售资产			持有待售负债		
一年内到期的非流动资产			一年内到期的非流动负债		
其他流动资产			其他流动负债		
流动资产合计			流动负债合计		
非流动资产：			非流动负债：		
债权投资			长期借款		
其他债权投资			应付债券		
长期应收款			其中：优先股		
长期股权投资			永续债		
其他权益工具投资			租赁负债		
其他非流动金融资产			长期应付款		
投资性房地产			预计负债		
固定资产			递延收益		
在建工程			递延所得税负债		
生产性生物资产			其他非流动负债		
油气资产			非流动负债合计		
使用权资产			负债合计		
无形资产			所有者权益（或股东权益）：		
开发支出			实收资本（或股本）		

续表

资　产	期末余额	上年年末余额	负债和所有者权益（或股东权益）	期末余额	上年年末余额
商誉			其他权益工具		
长期待摊费用			其中：优先股		
递延所得税资产			永续债		
其他非流动资产			资本公积		
非流动资产合计			减：库存股		
			其他综合收益		
			专项储备		
			盈余公积		
			未分配利润		
			所有者权益（或股东权益）合计		
资产总计			负债和所有者权益（或股东权益）总计		

表1-6　　　　　　　　　　　利润表　　　　　　　　　会企02表

编制单位：　　　　　　　　　　年　　　　　　　　　　单位：元

项　目	本期金额	上期金额
一、营业收入		
减：营业成本		
税金及附加		
销售费用		
管理费用		
研发费用		
财务费用		

项　目	本期金额	上期金额
其中：利息费用		
利息收入		
加：其他收益		
投资收益（损失以"-"号填列）		
其中：对联营企业和合营企业的投资收益		
以摊余成本计量的金融资产终止确认收益（损失以"-"号填列）		
净敞口套期收益（损失以"-"号填列）		
公允价值变动收益（损失以"-"号填列）		
信用减值损失		
资产减值损失		
资产处置收益（损失以"-"号填列）		
二、营业利润（亏损以"-"号填列）		
加：营业外收入		
减：营业外支出		
三、利润总额（亏损总额以"-"号填列）		
减：所得税费用		
四、净利润（净亏损以"-"号填列）		
（一）持续经营净利润（净亏损以"-"号填列）		
（二）终止经营净利润（净亏损以"-"号填列）		
五、其他综合收益的税后净额		
（一）不能重分类进损益的其他综合收益		
1.重新计量设定受益计划变动额		
2.权益法下不能转损益的其他综合收益		

续表

项 目	本期金额	上期金额
3.其他权益工具投资公允价值变动		
4.企业自身信用风险公允价值变动		
……		
（二）将重分类进损益的其他综合收益		
1.权益法下可转损益的其他综合收益		
2.其他债权投资公允价值变动		
3.金融资产重分类计入其他综合收益的金额		
4.其他债权投资信用减值准备		
5.现金流量套期储备		
6.外币财务报表折算差额		
……		
六、综合收益总额		
七、每股收益：		
（1）基本每股收益		
（2）稀释每股收益		

准则变更导致财务报表的项目发生变更，以下对主要财务报表的变化分别加以阐述。

1）资产负债表的变化

（1）项目名称改变

伴随着金融工具准则的最近修订，"以公允价值计量且其变动计入当期损益的金融资产"项目修改为"交易性金融资产"项目，"以公允价值计量且其变动计入当期损益的金融负债"项目修改为"交易性金融负债"项目。

（2）项目合并

资产负债表流动资产部分的"应收利息""应收股利"项目不再单独列示，而是合并至"其他应收款"项目，相应地，流动负债部分，

"应付利息""应付股利"项目不再单独列示，而是合并至"其他应付款"项目。

（3）新增项目

流动资产部分新增"应收款项融资"项目。非流动资产部分新增"债权投资""其他债权投资""其他权益工具投资"等项目，其中债权投资反映以摊余成本计量的金融资产的账面价值，其他债权投资和其他权益工具投资分别反映分类为以公允价值计量且其变动计入其他综合收益的金融资产的长期债权投资和非交易性权益工具的期末账面价值，即FVOCI债务工具和FVOCI权益工具的账面价值。

【小案例】　　　　格力电器的应收款项融资

格力电器（股票代码：000651）在其2023年年报中相关会计政策中列出：分类为以公允价值计量且其变动计入其他综合收益的应收票据和应收账款，自取得起期限在一年内（含一年）的部分，列示为应收款项融资；自取得起期限在一年以上的，列示为其他债权投资。

应收款项融资2023年期末余额为10 176 089 668.41元，包括以公允价值计量的应收票据9 795 997 038.02元、以公允价值计量的应收账款380 092 630.39元。其中：银行承兑汇票为9 652 625 873.81元，占有绝对的比重。

（资料来源：格力电器2023年年报）

伴随着新收入准则的实施，资产负债表中流动资产部分新增"合同资产"项目，反映企业完成合同约定的履约义务，取得的收取预期对价的权利；流动负债部分新增"合同负债"项目，反映企业已预先收取对价而尚未完成履约义务形成的负债。因此，合同资产与合同负债体现了企业履行履约义务与客户付款之间的不同关系。

伴随着《企业会计准则第42号——持有待售的非流动资产、处置组和终止经营》的实施，资产负债表流动资产部分新增"持有待售资产"项目，反映企业持有待售的非流动资产的账面余额，流动负债部分新增"持有待售负债"项目，反映企业持有待售的处置组中的与划分为持有待售类别的资产直接相关的负债的账面价值。

伴随着新租赁准则的实施，资产负债表中非流动资产部分新增"使用权资产"项目,列示在"无形资产"项目之前。企业通过租赁获取了租赁资产的使用权,这种权利为企业带来了未来一定期间(租赁期间)的经济利益,因而是一种有价值的资源,构成了企业一项重要的资产,因此使用权资产反映了企业作为承租人在资产负债表日持有的使用权资产扣减使用权资产累计折旧、使用权资产减值准备后的账面价值。相应地,资产负债表非流动负债部分新增"租赁负债"项目,列示在"长期应付款"项目之前,反映企业作为承租人在资产负债表日尚未支付的租赁付款额的账面价值。

此外,资产负债表所有者权益部分新增"其他权益工具"项目,反映企业发行的权益工具中除分类为普通股以外的其他金融工具的账面价值,分别"优先股"和"永续债"项目具体列示。企业发行的金融工具,分类为金融负债的,在"应付债券"项目中反映,按照"优先股"和"永续债"项目分别列示。普通股和优先股的区分大家较为熟悉,永续债,顾名思义,是一种没有期限的债券,因而被戏称为一种像股的债、像债的股。那么对永续债究竟应该如何处理,详述见后续特殊项目的分析。

【小案例】　　　　　　　　**兖矿能源的其他权益工具**

兖矿能源(股票代码:600188)2023 年年报显示,2023 年末其他权益工具金额为 165 亿元,均为永续债。

永续债具体包括 9 项,分别是 2021 年度第二期中期票据、21 兖煤 Y1、21 兖煤 Y2、21 兖煤 Y4、22 兖矿能源 MTNO01A、22 兖矿能源 MTNO01B、22 兖矿能源 MTN002、23 兖矿能源 MTN001、23 兖矿能源 MTN002。上述永续债均无固定偿还期限。

(资料来源:兖矿能源 2023 年年报)

(4)新金融准则与新收入准则下的其他资产、其他负债项目

资产负债表中非流动资产部分的"债权投资"项目反映企业分类为以摊余成本计量的长期债权投资的账面价值,随着债务工具到期日的临近,上述长期债权投资中将于一年内到期的部分应在"一年内到期的非流动资产"项目进行列示,也就是列报发生变化。但是,特殊地,如果该债券本身的期限较短,企业购入的一年内到期的债权投资分类为以摊

余成本计量的金融资产，则在资产负债表"其他流动资产"项目进行列示。

类似地，资产负债表中非流动资产部分的"其他债权投资"项目反映企业分类为以公允价值计量且其变动计入其他综合收益的长期债权投资的账面价值，随着到期日的临近，上述长期债权投资中将于一年内到期的部分应在"一年内到期的非流动资产"项目进行列示，也就是列报发生变化，但是如果债券本身期限较短，企业购入的一年内到期的债权投资分类为以公允价值计量且其变动计入其他综合收益的金融资产，则在资产负债表"其他流动资产"项目进行列示。

上述两种列示的变化可以概括为从非流动项目到流动项目。反之，如下列示的变化是从流动项目到非流动项目。资产负债表中流动资产部分的"交易性金融资产"项目反映企业分类为以公允价值计量且其变动计入当期损益的金融资产，以及企业持有的指定为以公允价值计量且其变动计入当期损益的金融资产的账面价值。通常，上述金融资产的交易性体现得较为明显，但是，特殊地，自资产负债表日起超过一年到期，且预期持有超过一年的以公允价值计量且其变动计入当期损益的金融资产的账面价值，则列示发生变化，需要在"其他非流动金融资产"项目反映。

新收入准则下产生了两个新的报表项目——"合同资产"和"合同负债"。相抵后，净额为借方余额的，应根据其流动性，在"合同资产"或"其他非流动资产"项目列示。净额为贷方余额的，应根据其流动性，在"合同负债"或"其他非流动负债"项目列示。

新收入准则下还应该考虑为取得合同或履行合同而发生的成本，并确定是否需要确认为资产，如何摊销，以及是否需要计提减值准备，在资产负债表"存货"、"其他流动资产"或"其他非流动资产"项目列示。上述项目填列时，涉及减值准备的，还应扣减相应合同取得成本减值准备、合同履约成本减值准备。

此外，新收入准则下发生销售退回时，需要增设"应收退货成本"科目。确认资产的应收退货成本，期末应根据是否能在一年或一个营业周期内出售，在"其他流动资产"或"其他非流动资产"项目列示。相应地,确认为预计负债的应付退货款,根据是否需要在一年或一个营业周期内偿还,在"其他流动负债"或"预计负债"项目列示。

新金融准则、新收入准则下资产负债表中其他流动资产、其他非流动资产项目的列示内容简要总结见表1-7。

表1-7　　　　　　　新金融准则、新收入准则下的其他项目

其他流动资产	其他非流动资产
企业购入的以摊余成本计量的一年内到期的债权投资的期末账面价值 (一年内到期的AC)	合同资产和合同负债相抵后的借方余额 (一年以上的净合同资产)
购入的以公允价值计量且其变动计入其他综合收益的一年内到期的债权投资的期末账面价值 (一年内到期的FVOCI债务工具)	
合同取得成本,摊销期限在一年以内,扣减相应的减值准备	合同取得成本,摊销期限在一年以上,扣减相应的减值准备
	合同履约成本,摊销期限在一年以上,扣减相应的减值准备(否则列入"存货")
应收退货成本在一年内出售	应收退货成本在一年内未出售

(5)特殊项目——永续债

2019年1月28日财政部以"文"的形式发布《关于印发〈永续债相关会计处理的规定〉的通知》(财会〔2019〕2号),从发放方和持有方角度分别对永续债的会计分类作出规定。

发行方应将永续债分类为权益工具还是金融负债?规定指出发行方进行会计分类时,应考虑如下因素:一是到期日,应当以合同日等条款内含的经济实质为基础,谨慎判断是否能无条件地避免交付现金或其他金融资产的合同义务,若永续债合同明确规定无到期日且持有方在任何情况下均无权要求发行方赎回或清算,通常表明发行方没有上述义务。二是清偿顺序,发行方清算时永续债劣后于发行方发行的其他普通债券

和其他债务的，表明发行方没有上述义务。三是利率跳升和间接义务。有些金融工具虽然没有明确地包含交付现金或其他金融资产义务的条款和条件，但有可能通过其他条款和条件间接地形成合同义务。如果永续债合同利率跳升次数有限、封顶或跳升总幅度较小且封顶利率未超过同期同行业同类型工具平均的利率水平，可能不构成间接义务；如果永续债合同利率虽然规定了票息封顶，但该封顶票息水平超过同期同行业同类型工具平均的利率水平，通常构成间接义务。

永续债的持有方进行会计分类时，如果已执行新金融工具准则，对于属于权益工具投资的永续债，应当分类为 FVPL 或 FVOCI。反之，分类为 AC、FVPL 或 FVOCI。如果未执行新金融工具准则，对于属于权益工具投资的永续债，持有方应将其分类为以公允价值计量且其变动计入当期损益的金融资产，或可供出售金融资产（权益工具投资）等，对于属于债务工具投资的永续债，持有方应将其分类为以公允价值计量且其变动计入当期损益的金融资产，或可供出售金融资产（债务工具投资）。

2）利润表的变化

（1）变化的项目

新金融工具准则实施后，金融资产减值的处理发生变化，从实际损失法改为预期信用损失法，因而更加关注金融资产的信用风险。相应地，部分内容从"资产减值损失"科目剥离出来，单设"信用减值损失"科目反映。因此，利润表中资产减值损失前单设"信用减值损失"项目反映企业按照金融工具准则对金融工具计提的信用减值准备所确认的信用损失。

伴随着《企业会计准则第 42 号——持有待售的非流动资产、处置组和终止经营》的实施，利润表中的"净利润"项目要求按照持续经营净利润和终止经营净利润分别列示，反映企业净利润的来源。通常情况下，持续经营净利润占有较大比重，终止经营净利润不可持续，终止经营部分带来的可能为净利润，也可能为净亏损。

伴随着金融工具准则的修订，其他综合收益的具体项目也发生了变化。其他综合收益包括两类：不能重分类进损益的其他综合收益和将重分类进损益的其他综合收益。不能重分类进损益的其他综合收益包括重新计量设定受益计划变动额、权益法下不能转损益的其他综合收益、其他权益工具投资公允价值变动、企业自身信用风险公允价值变动；将重分类进损益的其他综合收益包括权益法下可转损益的其他综合收益、其他债权投资公允价值变动、金融资产重分类计入其他综合收益的金额、其他债权投资信用减值准备、现金流量套期储备、外币财务报表折算差额。

此外，"财务费用"项目下分设"利息费用""利息收入"两个子项目。实务中，很多集团都设立了下属的财务公司，对集团资金进行更好的管理，或者通过合理的债权投资取得了可观的利息收入，因此财务费用项目下单设利息收入和利息费用有助于使用者对企业的资金管理活动作出更客观的评价。

"投资收益"项目下设"对联营企业和合营企业的投资收益""以摊余成本计量的金融资产终止确认收益"两个子项目。其中：对联营企业和合营企业的投资构成企业的长期股权投资，后续按权益法计量，持有期间被投资单位产生净损益，投资单位应按照持有份额确认投资收益。以摊余成本计量的金融资产因转让等情形导致终止确认时产生的利得或损失应计入投资收益，由于性质较为特殊，应在投资收益项目下单独列示。

（2）新增项目

新增"其他收益"项目。原政府补助准则下，政府补助全部计入营业外收入，修订后的政府补助准则对政府补助的来源加以分类，将政府补助区分为与日常活动相关的政府补助、与日常活动无关的政府补助，进行不同的会计处理。因此，利润表新增"其他收益"项目，反映企业取得的与日常活动相关的政府补助而形成的收益，与日常活动无关的政府补助仍然在"营业外收入"项目列示。

此外，新债务重组准则实施后，债务人以非金融资产偿还债务，债务的账面价值与非金融资产账面价值之间的差额记入"其他收益——债务重组收益"科目。

新增"研发费用"项目。为了鼓励企业加大对研发活动的投入，利润表中从"管理费用"项目剥离出部分内容，单设"研发费用"项目。

该项目从内容上而言包括两部分。一部分是研究与开发过程中发生的费用化支出，这部分原反映在"管理费用"科目下的"研究费用"明细科目中，另一部分是自行开发的无形资产的摊销额中计入管理费用的部分，这部分原反映在"管理费用"科目下的"无形资产摊销"明细科目中。按照最新财报格式的要求，这两部分内容都应从管理费用中分离出来，单独在"研发费用"项目列示，并在报表附注中披露详细信息。

新增"净敞口套期收益"项目。该项目反映净敞口套期下被套期项目累计公允价值变动转入当期损益的金额或现金流量套期储备转入当期损益的金额，如为套期损失，按负数填列。

新增"资产处置损益"项目。伴随《企业会计准则第42号——持有待售的非流动资产、处置组和终止经营》的实施，新设"资产处置损益"科目，反映企业划分为持有待售的非流动资产或处置组在出售时产生的利得或损失，以及未划分为持有待售的固定资产、在建工程、无形资产、生产性生物资产在出售时产生的利得或损失。债务重组中处置或非货币性资产交换中换出上述资产产生的利得或损失也在该项目反映。

伴随着上述变化，利润表中"营业外收入"和"营业外支出"项目的核算范围相应缩小，反映企业在营业活动以外产生的计入当期损益的利得或损失。营业外收入主要包括与企业日常活动无关的政府补助、盘盈利得、捐赠利得等。营业外支出主要包括公益性捐赠支出、非常损失、盘亏损失、非流动资产因自然灾害发生毁损、因丧失使用功能而报废清理产生的损失。计入营业外收支的项目不得相互抵销。

3）现金流量表的变化

现金流量表项目未发生实质性变化，但需要注意的是企业实际收到的政府补助无论是何类别，均在"收到其他与经营活动有关的现金"项目列示。

4）所有者权益变动表的变化

所有者权益变动表是一张棋盘式的报表，横向为所有者权益的各项组成部分，纵向为所有者权益的变动原因。

伴随着会计准则的变动，所有者权益组成部分除了原有的"实收资本""资本公积""库存股""其他综合收益""盈余公积""未分配利润"

等项目外，增加了"其他权益工具（优先股、永续债、其他）""专项储备"两项内容。

所有者权益本期增减变动金额中包括综合收益、所有者投入和减少资本、利润分配、所有者权益内部结转四个大项。其中，所有者投入和减少资本大项下"所有者投入资本"项目改为"所有者投入的普通股"，"股份支付计入所有者权益的金额"项目不变，新增"其他权益工具持有者投入资本"项目。"所有者权益内部结转"大项下除原有的"资本公积转增资本""盈余公积转增资本""盈余公积弥补亏损"项目外，新增"设定受益计划变动额结转留存收益""其他综合收益结转留存收益"项目。例如，以公允价值计量且其变动计入其他综合收益的非交易性权益工具投资终止确认时，应将原计入其他综合收益的金额转出至留存收益，属于所有者权益的一种内部结转。

1.3.2　国际财务报告准则下财务报表的改进

2014年7月，为响应利益相关方尤其是财务报表使用者对改进企业业绩报告的强烈要求，提高业绩报告可比性和透明度，理事会将主要财务报表项目列入其研究议程，并于2015年将其确定为优先项目。

2019年12月17日，IASB发布了主要财务报表（Primary Financial Statements）项目的重要阶段性成果——《一般列示和披露（General Presentation and Disclosures）（征求意见稿）》，征求意见稿聚焦利润表的改进，提出了划分损益类别、增加小计项目、细化表内项目披露、规范管理层业绩指标披露等新要求，同时也提出了对现金流量表和资产负债表的有限修订建议。IASB自2020年12月起对征求意见稿进行再审议，在对全球反馈意见汇总分析的基础上，开展了大量调研活动，对征求意见稿的部分内容进行修改完善，最终于2024年4月发布《国际财务报告准则第18号》。

与现行《国际会计准则第1号——财务报表列报》相比，《国际财务报告准则第18号》引入的新规定主要包括以下方面：

1）改进利润表结构

现行国际财务报告会计准则没有对利润表的结构作出专门规定，为提供更有用的信息，统一利润表结构，提高财务业绩信息的可比性，《国际财务报告准则第18号》新引入3个收益和费用类别——经营类、投资类和筹资类，即要求企业将利润表中的损益分为经营类、投资类、筹资类、所得税费用类以及终止经营类5类，并要求企业新增列示经营利润、筹资和所得税前利润2个小计项目。

2）引入管理层业绩指标的披露

为提高管理层界定的业绩指标的透明度，帮助投资者更好地理解这些指标的含义和用途，《国际财务报告准则第18号》引入了"管理层业绩指标"概念，将其界定为企业在财务报表之外的公开信息传播中使用的，用于向报表使用者传达管理层对企业整体财务业绩某方面看法的收益和费用的小计项目。《国际财务报告准则第18号》要求企业在附注中单独披露各项管理层业绩指标与国际财务报告会计准则规定的最直接可比的总计或小计项目之间的调节过程、各项管理层业绩指标计算方式及其变动说明、调节项目的所得税影响和对非控制性权益的影响等。

3）强化信息汇总和分解

为进一步提高报表信息决策有用性，《国际财务报告准则第18号》制定了报表信息归集的强化指南，明确阐述了主要财务报表和附注的作用，提出了汇总和分解项目的原则、一般要求及特定要求。

此外，IASB对《国际会计准则第7号——现金流量表》作出有限修订，要求主要业务活动并非向客户提供融资等的一般企业（通常为非金融企业）将已收利息和股利作为投资活动现金流量，将已付利息和股利作为筹资活动现金流量，特定企业（如银行或其他金融企业）根据相关收益和费用在利润表的分类确定其利息和股利现金流量的分类，并明确现金流量表间接法下经营活动现金流量的编制以"经营利润"为唯一起点。

1.4　可持续披露准则进展

世界范围内气候变化问题日渐突出，温室效应加剧，为了更有效地应对气候变化带来的风险和挑战，可持续披露准则逐渐从呼吁变成现实。本专题将介绍国际准则层面的最新进展以及我国的相关应对。

1.4.1　国际财务报告可持续披露准则

11 月 1 日，第 26 届联合国气候变化大会（COP26）在英国格拉斯哥召开，各国领导人围绕气候变化问题的重要性和紧迫性进行了讨论。11 月 3 日，国际财务报告准则基金会（IFRSFoundation，以下简称基金会）宣布成立国际可持续准则理事会（International Sustainability Standards Board，ISSB），此举是在市场强烈需求下作出的决定，旨在制定与国际财务报告准则（International Financial Reporting Standards，IFRS）相协同的可持续发展报告准则，以提供高质量、全面的可持续披露基准，满足投资者和金融市场的需求。

2023 年 6 月，国际可持续准则理事会发布了《国际财务报告可持续披露准则第 1 号——可持续相关财务信息披露一般要求》（General Requirements for Disclosure of Sustanability-related Financial Information，以下简称 IFRS S1）、《国际财务报告可持续披露准则第 2 号——气候相关披露》（Accompanying Guidenece on Cliamate-related Disclosure，以下简称 IFRS S2）。

IFRS S1 的目标是要求主体披露其关于可持续相关风险和机遇的信息，以帮助通用目的的财务报告使用者作出与向主体提供资源相关的决策。披露的必要性源于主体与其价值链中的利益相关方、社会、经济乃至自然环境之间的关系密不可分，主体一方面依赖这些资源和关系，另一方面又会对这些资源和关系产生影响。因此，要求披露合理预期会对主体的现金流量、融资渠道和资本成本产生影响的所有可持续相关风险和机遇的信息。上述资源和关系，可以是自然的，也可以是人工的，可以是制造的，也可以是智能的，可以是内部的，也可以是外部的，可以是表内的，也可以是表外的。

从适用范围来看，无论主体是按照国际财务报告准则编制财务报表还是根据其他的公认会计原则编制财务报表，均可以采用国际财务报告可持续披露准则。

从信息质量特征来看，可持续相关财务信息应具有决策有用性，

IFRS S1 相应提出了有用的可持续相关财务信息的质量特征，包括基本质量特征和提升性质量特征。

基本质量特征包括相关性和如实反映。相关性是指其能够影响使用者的决策，如果可持续财务信息具有预测价值、反馈价值或兼而有之，则认为其是相关的。通常，预测价值和反馈价值是相互关联的，具有预测价值的信息通常具有反馈价值。此外，如果错报、漏报相关信息，会合理预期影响使用者的决策，那么信息是重要的，重要性是对特定主体而言的相关性的一个方面。如实反映，要求完整、中立和准确地描述主体的可持续相关风险和机遇。完整，也就是披露了所有重要信息，并且披露时不偏不倚，以一种中立的方式加以描述，此外，可持续信息是准确的，不存在重大差错，描述精确。

提升性质量特征包括可比性、可验证性、及时性和可理解性。可比性包含横向可比、纵向可比两个层面，不同主体之间的信息可比，同一主体不同时期之间的信息可比，从而保证可持续信息的质量。可验证性是指不同的人对于同样的信息可以得出基本一致的结论，可验证的信息对使用者的有用性更强。主体应以增强可验证性的方式提供可持续相关财务信息。滞后的信息是没有价值的，及时性要求可持续相关财务信息及时提供，以提高决策有用性。可理解性要求可持续相关财务信息以较为清晰的方式进行披露，提高信息的可读性和有用性，表现方式上除了使用文字表述外，还可以使用图形、表格等，使得披露更加简洁而清晰。

从披露位置来看，可持续相关财务信息属于通用目的财务报告的一部分，通常可以在"管理层讨论与分析""业务和财务回顾"等类似部分加以披露。

从披露时间来看，应在发布财务报表的同时披露可持续相关财务信息，报告期间与财务报表期间相同。通常按照为期 12 个月的周期来披露可持续相关财务信息，特殊地采用 52 周的报告期间也是不禁止的。

从披露内容来看，核心内容包括：①治理，即主体监控、管理和监督可持续相关风险与机遇时所采用的治理流程、控制和程序，例如相关治理结构或个人及其应具备的技能和胜任能力，监督方式、频率等。②战略，即主体为管理可持续相关风险与机遇所制定的战略，以使财务报告使用者了解可持续相关风险与机遇对其业务模式和价值链的影响，对其战略和决策的影响，对其财务状况、财务业绩和现金流量的影响，以及韧性评估。③风险管理。目的在于使使用者了解主体识别、评估和监控可持续相关风险和机遇的流程以及评估主体的整体风险及风险管理流程，主体应披露是否以及如何使用情景分析来识别相关风险。④指标和目标，使得使用者了解主体设定的气候变化方面的目标、使用的指标、取得的进展。

合规声明与豁免披露。如果主体遵循国际财务报告可持续披露准则中的所有要求，则应作出明确且无保留的合规声明。如果法律法规禁止主体披露 ISSB 所要求的信息，则可以豁免主体披露该信息。如果可持续相关机遇的信息具有商业敏感性，也可以豁免披露。

气候相关风险及应对。IFRS S2 指出气候相关风险包括气候相关物理风险和气候相关转型风险。气候相关物理风险可能包括极端天气等事件引起的急性物理风险，也包括诸如海平面上升对主体经营产生影响的慢性物理风险。气候相关转型风险，指的是气候变化所引发的政策、技术、市场等的改变导致主体经营转型而产生的风险。主体可以采取缓解措施与适应措施，来管理气候相关的物理风险与转型风险。

气候相关机遇及利用。气候变化不仅使主体面临风险，也可能为主体带来新的机遇，气候相关机遇会因行业、地区、市场而异。

识别气候相关风险和机遇时，ISSB 规定应使用"主体在报告日无须付出过度成本或努力即可获得的所有合理及可支持的信息"，该规定包含较为丰富的内涵：首先，应使用所有合理及可支持的信息，反之，不能使用不合理的信息高估或低估风险与机遇；其次，使用所有可获得信息，反之不使用不可获得的信息；最后，使用无须付出过度成本或努力即可获得的信息，反之无须使用需要付出较大成本才能获得的信息，不增加主体的信息搜寻成本。

气候相关风险与机遇带来的影响。评价上述影响，既包括对主体业务模式的影响，也包括对价值链的影响。从时间范围来看，既披露对当期的影响，也披露预期影响，包括"短期""中期""长期"，具体如何定义，因主体而异。

IFRS S2还要求所有主体披露跨行业指标类别的信息，包括：①温室气体排放；②气候相关转型风险；③气候相关物理风险；④气候相关机遇；⑤资本配置；⑥内部碳定价；⑦薪酬。

对于温室气体（七种温室气体，分别指二氧化碳 CO_2、甲烷 CH_4、氧化亚氮 N_2O、氢氟碳化物 HFCS、全氟碳 PFCS、六氟化硫 SF_6 和三氟化氮 NF_3）排放，要求主体披露范围一、范围二、范围三温室气体排放。范围一排放指的是主体产生的直接排放，范围二排放指的是组合体所消耗的外购动力产生的间接排放，范围三排放指的是价值链中的间接排放，包括上游排放和下游排放。IFRS S2以《温室气体核算体系：企业标准》作为计量温室气体排放的基础，如果主体所在国家或地区使用不同的方法，可以采用所在地规定的方法，以避免重复报告。IFRS S2还要求主体选择使用最能代表其排放活动的最恰当的排放因子，并披露其采用的计量方法、输入值和假设。

国际财务报告可持续披露准则自2024年1月1日起可以采用，允许提前采用。第一个报告期间，主体可以不披露可比信息。IFRS S1为主体的可持续披露提供了概念框架，IFRS S2为主体的可持续披露提供了补充和指引。

1.4.2 我国可持续信息披露规则演进

可持续信息披露，在我国早期体现为环境信息、社会责任信息的披露，后过渡到可持续发展信息的披露，并逐渐形成 ESG 信息的披露。

2006年9月25日深交所发布《深圳证券交易所上市公司社会责任指引》，规定上市公司应在追求经济效益、保护股东利益的同时，积极保护债权人和职工的合法权益，诚信对待供应商、客户和消费者，积极从事环境保护、社区建设等公益事业，从而促进公司本身与全社会的协调、和谐发展。

2008年5月14日上交所发布《上海证券交易所上市公司环境信息披露指引》，规定上市公司发生与环境保护相关的重大事件，且可能对其股票及衍生品种交易价格产生较大影响的，上市公司应当自该事件发生之日起两日内及时披露事件情况及对公司经营以及利益相关者可能产生的影响，并鼓励上市公司编制社会责任报告。

2016年8月31日，中国人民银行、财政部、国家发改委、环境保护部、银监会、证监会、保监会印发《关于构建绿色金融体系的指导意见》，提出逐步建立和完善上市公司和发债企业强制性环境信息披露制度。

2018年9月30日，证监会发布新修订的《上市公司治理准则》，要求上市公司应当贯彻落实创新、协调、绿色、开放、共享的发展理念，弘扬优秀企业家精神，积极履行社会责任，形成良好的公司治理实践。上市公司治理应当健全、有效、透明，强化内部和外部的监督制衡，保障股东的合法权利并确保其得到公平对待，尊重利益相关者的基本权益，切实提升企业整体价值。

2019年4月修订的《上海证券交易所科创板股票上市规则》规定上市公司应当在年度报告中披露履行社会责任的情况，并视情况编制和披露社会责任报告、可持续发展报告、环境责任报告等文件。

2019年5月17日，我国香港联合交易所发布新修订的《环境、社会及管治报告指引》，要求发行人于年度结束后的4个月内发布ESG报告。《环境、社会及管治报告指引》对董事会参与ESG风险识别和管理等方面提出了更高的要求，并新增了多项"强制披露规定"；阐释ESG报告如何遵守相关报告原则；对ESG报告边界进行解释并描述该边界选定过程；在环境范畴新增有关气候风险的披露要求。

通过梳理上述规定可以看出，我国对于上市公司ESG信息披露的相关指引是从环境、社会责任、公司治理某个单一维度作出的规定，对我国上市公司ESG信息披露发布新规迫在眉睫。

2024年4月12日，上海证券交易所发布《上海证券交易所上市公司自律监管指引第14号——可持续发展报告（试行）》、深圳证券交易所发布《深圳证券交易所上市公司自律监管指引第17号——可持续发展报告（试行）》、北京证券交易所发布《北京证券交易所上市公司持续监管指引第11号——可持续发展报告（试行）》（以下合并简称"指引"），引导和规范上市公司披露《上市公司可持续发展报告》或者《上市公司环境、社会和公司治理报告》（以下合并简称"可持续发展报告/ESG报告"）。上述指引于2024年5月1日起实施。

指引要求相关信息的披露需遵循双重重要性（double materiality）原则。具体而言，双重重要性是可持续信息披露的一个关键概念，用于衡量可持续信息的目的与倾向性，包括两个方面：一是财务重要性，从投资者、股东的权益出发，该信息能够给企业短、中和长期的现金流、发展、业绩和地位等带来风险或机遇，即具有财务重要性；二是影响重要性，即从雇员、客户、供应商和当地社区等多方利益相关者的权益出发，该信息会对环境、社会产生影响，即具有影响重要性。

其中，对于温室气体排放，指出主体应当披露温室气体范围一排放量、范围二排放量，鼓励有条件的主体披露温室气体范围三的排放量；使用碳信用额度的，应当披露所使用的碳信用额度的来源与数量；参与碳排放权交易的，披露报告期内是否完成清缴以及是否存在被有关部门要求整改或立案调查的情形。

对于温室气体减排实践的相关信息，披露参与各项减排机制的情况、减排目标、减排措施及其成效等，分类披露因重新设计生产流程、改造设备、改进工艺、更换燃料等减排措施直接减少的温室气体排放量，并换算成二氧化碳当量。此外，披露CCER的登记与交易情况，参与其他减排机制的项目和减排量登记与交易情况。

上述指引的发布，对于推动我国ESG信息披露具有里程碑的意义，同时也是推动我国可持续信息披露的重要步骤。

【小案例】　　　　　　　鞍钢股份的ESG信息

鞍钢股份2023年社会责任报告暨ESG报告披露的信息较为全面，图文并茂，较为生动，并且单列ESG治理章节。报告首先用数据对三个方面在2023年的表现加以说明。

公司治理方面，主要数据如下：召开董事会14次，召开监事会6次，开展各类投资者交流活动16次，开展公司治理有关的内外部培训5次，开展董事会层面反腐败培训3次，董事会参加反腐败培训率100%。

环境方面，主要数据如下：环境保护项目投入资金32.2亿元，能源消耗总量15 282 414吨标准煤，吨钢综合能耗572千克标准煤/吨，万元产值能耗2.048吨标准煤/万元，万元产值（可比价）二氧化碳排放量5.54吨/万元，总耗水量86 041 676吨，吨钢耗水量3.23吨，水重复利用率98.34%，废钢回收利用率100%。环保培训投入25.8万元，环保培训覆盖7 800人次，建设项目环保"三同时"执行率100%，危险废物合规处置率100%，放射源合规使用率100%，较大环境污染事故为0，环境违法违规问题为0。

社会方面，相关数据如下：员工总数26 964人，员工流失率1.61%，女性管理者比例4.29%，劳动合同签订率100%，社会保险覆盖率100%，员工体检覆盖率100%，发生重大安全事故0，因工伤损失工作日数0，召开职工代表大会2次，办理职工代表提案5项，基层单位民主评议率100%，安全投资17 211.98万元，安全与健康投入16 541.43万元，开展安全培训投入670.55万元，安全培训覆盖213 190人次，员工培训覆盖率100%，员工人均培训时数66.1小时，投入乡村振兴帮扶资金1 640.1万元，实施帮扶项目7个，购买帮扶产品2 605万元，志愿者人数3 426人，志愿服务累计时长11 730小时，参与志愿服务活动9 775人次，共有供应商2 450个，开展供应商社会责任培训覆盖276人。

应对气候变化方面，公司制定了低碳战略（如图1-2所示），并分析了公司的气候风险，从实体风险和过渡风险两个方面进行了场景分析，指出潜在影响、应对措施及影响范围。并列示连续三年范围一、范围二的温室气体排放总量。

图1-2　鞍钢股份的低碳战略

（资料来源：鞍钢股份2023年社会责任报告）

2 差异篇

世界范围内会计准则呈现出不断趋同之势，我国会计准则与国际会计准则持续趋同，但是在具体的确认、计量、列报方面受制于经济环境的差异，仍然表现出一定的差异性，并且这些差异在部分准则中体现得较为明显。作为世界范围内的两大准则体系制定机构，美国会计准则制定机构与国际会计准则制定机构也曾有合作之旅，但是步履维艰。本篇从细微的角度对我国会计准则与国际会计准则的差异以及美国会计准则与国际会计准则的差异进行一定的探究与分析。

2.1 我国会计准则与国际会计准则的差异

虽然我国会计准则在逐步与国际会计准则趋同，但是仍然有部分准则与国际会计准则之间存在一定的差异。以下主要从计量、列报角度分析我国会计准则与国际会计准则的差异，并通过具体会计准则加以例证。

2.1.1　资产后续计量的差异

我国《企业会计准则——基本准则》规定了五种计量属性：历史成本、重置成本、可变现净值、现值和公允价值。就资产而言，历史成本是资产取得时支付的对价的金额；重置成本是现在重新取得规格、性能相同的资产所需支付的对价的金额；可变现净值是指对外出售一项资产的预计售价减去进一步加工成本和预计销售税费后的净额；现值是资产未来现金流量的折现金额；公允价值是计量日发生的有序交易中出售一项资产所收到的金额。上述五种计量属性分别体现了不同的特征。其中，历史成本代表过去时点的金额，重置成本和现值代表现在时点的金额。历史成本、重置成本是一种进入价格（entry price）、可变现净值、公允价值是一种脱手价格（exit price），而历史成本又可以理解为是过去时点的公允价值。

从各种计量属性的应用范围来看，除金融资产外，大多数资产初始取得都是按照历史成本计量的。而后续计量则可能有不同的模式，如投资性房地产后续计量包括成本模式和公允价值模式两类。

资产计量包括初始计量和后续计量。对于大多数资产而言，在我国会计准则和国际会计准则的规定中资产的计量特征不存在重大差异。但是由于经济环境和市场发展程度的不同，我国会计准则与国际会计准则对于固定资产和无形资产后续计量的规定仍然存在一定的差异。以下重点阐述固定资产准则的差异，无形资产准则的主要差异类同，投资性房地产准则也有一定的体现。

1）固定资产准则

固定资产，是指企业为生产商品、提供劳务、出租或经营管理而持有的、使用寿命超过一个会计年度的有形资产。我国《企业会计准则第4号——固定资产》与《国际会计准则第16号——不动产、厂场、设备（Property，Plant and Equipment，PPE）》基本趋同，主要的差异之处在于后续计量模式。

我国企业会计准则下固定资产后续按成本计量，固定资产的账面价值等于原值减去累计折旧和固定资产减值准备的余额。而国际会计准则下固定资产后续计量包括成本模式（cost model）与重估模式（revaluation model）两种。

国际会计准则规定，满足以下两个条件时可以采用重估模式：一是后续期间必须定期进行重估，以保证其账面价值与每一报告日的公允价值不存在显著差异；二是若某项固定资产采用重估模式，所属的整类固定资产必须采用重估模式。可见，固定资产采用重估模式计量是有限制的，一般而言，固定资产的公允价值能够可靠计量是应用重估模式的一个前提。

重估模式下，重估利得或损失的处理有所不同。重估增值产生的利得（revaluation gain）作为权益的一个组成部分，计入其他综合收益，通常记作"重估盈余（revaluation surplus）"。重估减值，意味着发生了资产减值，所产生的损失（revaluation loss）计入当期损益。

需要注意的是，重估利得或损失发生转回的处理较为特殊。前期损失以后期间转回时，计入转回期间的损益，前期计入权益的利得以后期间发生转回时，相应地冲减权益。例如，某项固定资产原发生减值，以后期间重估增值的，应先将原计入损益的重估损失转回，多出的金额才作为重估盈余；相反，某项固定资产原发生增值，计入了重估盈余，以后期间重估减值的，应先冲减原重估盈余，多出的金额才计入当期损益。

相比之下，我国会计准则规定固定资产初始计量和后续计量均采用成本模式，不允许采用重估模式。资产负债表日存在减值迹象的，需要对固定资产进行减值测试，当固定资产的账面价值高于可收回金额时，需要计提固定资产减值准备。减值的处理事实上是减记资产，相反固定资产增值却不做处理。根据谨慎性会计信息质量要求，资产和收益不能被高估，所以对于资产减值进行了严格的会计处理，而对于资产增值却在账簿中无法体现。所以，从某种意义上而言，现行会计系统中对资产价值变动的处理事实上是一种单边的、不对称的处理。但是在国际会计准则下后续计量中重估模式的采用一定程度上是对固定资产增值的一种账内反映。固定资产从形态上而言，包括动产和不动产，活跃市场的存在是采用重估模式的前提，从我国目前市场条件来看，活跃市场的欠缺构成了重估模式的限制性因素。

2）无形资产准则

无形资产是指没有实物形态、可辨认的非货币性资产。按照无形资产准则的规定，无形资产要加以入账，首先必须满足"可辨认"的要求，即可以从企业单独分离出来，可以单独出售或交换；或者源于合同或其他法定权利。无形资产在预期带来的经济利益很可能流入企业，且成本能够可靠计量时加以确认。受制于上述严格的条件，出现了很多不尽合理的处理：同样是能为企业带来超额收益的商誉，只有外购商誉可以确认，自创商誉不能加以确认；很多为企业创造价值的资源由于不满足会计上严格的确认条件而无法加以反映在财务报表中。

知识产权是一种有价值的资源，在企业价值创造中的作用日益凸显，2018年11月5日财政部与国家知识产权局联合发布《知识产权相关会计信息披露规定》，明确规定其适用范围，除了按照无形资产准则确认为无形资产的知识产权外，还包括企业拥有或控制的、预期会给企业带来经济利益的、但由于不满足无形资产准则的确认条件而未确认为无形资产的知识产权（即"未作为无形资产确认的知识产权"），对财务报表附注中如何对知识产权相关信息进行披露作出了具体的规定。其中对确认为无形资产的知识产权，披露要求与无形资产准则基本相同，属于强制披露的内容。对于知识产权的应用情况、对交易的影响和风险分析、处于申请状态的相关信息、失效的相关信息等可以自愿披露。上述规定的发布，从侧面释放了这样的信号：实务中许多有价值的资源由于严格的会计确认条件无法作为资产加以确认，无法进入报表，使得报表使用者无法对企业拥有的"软实力"加以了解。

按照我国会计准则的规定，无形资产通常包括专利权、商标权、专有技术、特许权、土地使用权、著作权等。从实务中来看，我国上市公司披露的无形资产包括软件、专有技术、特许经营权等，其中占绝对比例的是土地使用权，而国外企业的无形资产包含范围较为广泛，如品牌名称、客户关系、排放权配额等，但不包括土地使用权。

无形资产初始按成本计量。特殊地，企业自行研发形成的无形资产，其成本包括开发活动发生的支出和使无形资产达到预定用途所发生的支出。研究阶段和开发阶段的支出分别予以费用化、有条件的资本化。无形资产后续计量主要涉及的问题在于是否需要进行摊销。无形资产按照使用寿命的不同，分为使用寿命有限的无形资产和使用寿命不确定的无形资产，使用寿命有限的无形资产需要在使用寿命内按照一定的方法进行摊销，使用寿命不确定的无形资产不进行摊销。

无形资产的上述规定与国际会计准则类似，我国无形资产准则与《国际会计准则第38号——无形资产》的主要区别在于后续计量模式的差异，国际会计准则下允许后续采用重估模式，而我国没有类似规定。

【小案例】 <center>**昆药集团的无形资产**</center>

昆药集团2023年年报显示，无形资产2023年末为419 800 033.25元。该公司无形资产的构成及预计使用年限见表2-1，其中较为特殊的是客户资源和合同权益。客户资源预计使用年限为10年，合同权益预计使用年限为4年。

表2-1 <center>**昆药集团2023年的无形资产**</center>

类别	预计使用年限
土地使用权	50年（或按使用年限）
商标专利权	10年（或按有效期限）
非专利技术	10年
药品批文	5年
软件	2~5年
客户资源	10年
合同权益	4年

（资料来源：昆药集团2023年年报）

伴随着科技创新，越来越多的企业投入研发活动，华为是研发创新的典型代表。华为2023年研发费用为1 647亿元，占全年收入的23.4%，近十年累计投入的研发费用超过11 100亿元。

上市公司一般在企业财务报告第四节"经营情况讨论与分析"部分中单独披露"研发投入情况表"，列示本期研发投入金额及占营业收入的比例、研发人员数量以及本期资本化研发投入等信息。以科德数控为例，2023年其研发投入情况见表2-2。

表2-2　　　　　　　　科德数控2023年研发投入情况

本期费用化研发投入（元）	27 757 271.57
本期资本化研发投入（元）	122 177 784.10
研发投入合计（元）	149 935 055.67
研发投入总额占营业收入总额的比例（%）	33.15
研发投入资本化比重（%）	81.49

（资料来源：科德数控2023年年报）

按照我国现行无形资产准则的规定，研发投入应区分研究阶段与开发阶段，研究阶段的支出应全部费用化，开发阶段的支出在符合条件时可以资本化，具体条件包括：①完成该无形资产以使其能够使用或者出售在技术上具有可行性；②具有完成该无形资产并使用或者出售的意图；③无形资产产生经济利益的方式，包括能够证明运用该无形资产生产的产品存在市场或者无形资产自身存在市场，无形资产将在内部使用的，应当证明其有用性；④有足够的资源支持完成开发；⑤归属于该无形资产开发阶段的支出能够可靠地计量。反之，开发阶段的支出不符合条件也只能费用化。费用化的结果是计入管理费用，资本化的结果是最终形成无形资产。

费用化研发支出信息淹没在管理费用中，与其他信息一起合并在管理费用项目在利润表中列示，从某种程度上来看会降低会计信息的质量，不能突出研发活动会计信息的重要性。

2018年6月15日，我国财政部发布《关于修订印发2018年度一般企业财务报表格式的通知》，规定将"研发费用"单独在利润表中列示，从"管理费用——研发费用"中分离出来，并对研发费用附注进行披露。研发费用单独在利润表中列示，有助于提高会计信息质量，提高会计信息的价值和有用性，也突出了政府、投资人等外界主体对努力研发的企业的重视。

3）投资性房地产准则

从性质上而言，投资性房地产是企业为了赚取租金或资本增值或者二者皆有而持有的不动产。我国《企业会计准则第3号——投资性房地产》和《国际会计准则第40号——投资性房地产》定义基本相同。

投资性房地产初始按成本计量，后续计量可以采用成本模式或公允价值模式。当投资性房地产所在地拥有活跃的交易市场，并且公允价值能够可靠计量时，可以使用公允价值模式。计量模式一经确定，不得随意变更。企业允许从成本模式转为公允价值模式，但不允许从公允价值模式转为成本模式。

体现在披露要求上，我国会计准则规定采用成本模式的，应披露投资性房地产的折旧、摊销及减值准备的计提情况，采用公允价值模式的，应披露公允价值的确定依据和方法，以及公允价值变动对损益的影响。国际会计准则对投资性房地产的披露，除上述要求外，还规定如果采用成本模式，仍然需要披露投资性房地产的公允价值。

当投资性房地产目的改变，开始自用或结束自用，需要将投资性房地产和其他资产（如固定资产、存货）进行转换，国际会计准则规定如果自用不动产转为按公允价值计量的投资性房地产，公允价值低于账面价值的，其差额计入当期损益，若之前有重估盈余应先冲掉，反之，公允价值高于账面价值的，与公允价值之间的差额应作为"重估盈余（revaluation surplus）"，若之前有减值损失应先转回。

相比之下，我国投资性房地产准则规定自用房地产或存货转换为采用公允价值模式计量的投资性房地产时，投资性房地产按照转换当日的公允价值计价，转换当日的公允价值小于原账面价值的，其差额计入当期损益；转换当日公允价值大于原账面价值的，其差额计入所有者权益。

通过以上对比可以看出，国际会计准则下投资性房地产的计量中同样出现了重估盈余，与固定资产、无形资产在后续采用重估模式计量出现重估盈余有一定的相似。

2.1.2 财务报表列报的差异

从列报的角度来看，财务报表的名称发生了改变，国际会计准则将资产负债表名称修订为"财务状况表（statement of financial position）"，将利润表名称修订为"损益及其他综合收益表（statement of profit or loss and other comprehensive income）"。

《国际会计准则第1号——财务报表列报》对财务状况表给出了建议格式，并规定了至少应当单独列示的项目，损益及其他综合收益表可以采取单一报表（两节，即损益部分和其他综合收益部分）的格式，也可以采取两张表（即损益表和其他综合收益表）的格式，其中损益部分或损益表中对于费用的列示给出了两种方法：性质法（nature of expense）和功能法（function of expense），分别如图2-1、图2-2所示。

收入	收入
其他收益	销售成本
存货的变化金额	毛利
消耗的原材料	其他收益
员工福利费用	分销成本
折旧费、摊销费	管理费用
其他费用	其他费用
税前利润	税前利润

图2-1 费用按性质法列示　　　**图2-2 费用按功能法列示**

性质法是指按照费用的性质进行列示，是从根源上列示所消耗的材料、发生的人工、计提的折旧等其他费用等的方法。功能法是指按照费用发生的功能进行列示，关注材料费、人工费等的具体用途，例如生产人员的工资计入生产成本，销售人员的工资需要计入销售费用，管理人员的工资需要计入管理费用，虽然性质上都属于人工费，但是用途不同导致记入不同的费用科目；同理，性质上均为固定资产的折旧费，但是固定资产所属部门不同、功能不同，处理也不相同，分别反映到不同的费用科目中。因此，性质法更强调费用的本源，功能法更强调费用的归属。

与国际会计准则不同，我国对费用的列示采用的是功能法，《企业会计准则第30号——财务报表列报》规定企业在利润表中应当对费用按照功能分类，分为从事经营业务发生的成本、管理费用、销售费用和财务费用等，并要求企业应当在附注中披露费用按照性质分类的利润表补充资料，可将费用分为耗用的原材料、职工薪酬费用、折旧费用、摊销费用等。可见，我国在规定采用功能法列示的同时，通过性质法附注补充的形式逐渐完善了披露要求。

【小案例】　　　　　恒瑞医药的费用列示

江苏恒瑞医药股份有限公司（证券简称：恒瑞医药，股票代码：600276）是一家大型医药上市公司，集科研、生产与销售为一体，2019年7月15日，入选"2018年度中国化药企业TOP100排行榜"，位列百强榜第1位。恒瑞医药2023年利润表中对费用按照功能法进行列示，见表2-3，附注中对销售费用、管理费用、研发费用等披露了人工费、折旧费等具体明细，事实上是性质法的体现，分别见表2-4、表2-5、表2-6。

表2-3　　　　　　　恒瑞医药2023年利润表（节选）　　　　单位：元

项目	2023年	2022年
……		
营业成本	3 525 247 786.91	3 486 638 890.09
税金及附加	219 257 133.43	190 388 735.65
销售费用	7 577 175 913.92	7 347 893 145.32
管理费用	2 416 974 460.17	2 306 477 951.60
研发费用	4 953 887 105.16	4 886 552 651.32
……		

表2-4　　　　　　　恒瑞医药2023年销售费用附注信息　　　　单位：元

项目	本期发生额	上期发生额
学术推广、创新药专业化平台等市场费用	3 876 913 732.45	3 808 306 771.13
职工薪酬与福利	2 536 071 666.57	2 892 922 410.53
差旅办公费、会务费	1 038 005 847.59	549 854 162.68
股权激励费用	57 749 942.26	11 152 309.82
其他	68 434 725.05	85 657 491.16
合计	7 577 175 913.92	7 347 893 145.32

表2-5　　　　　　　恒瑞医药2023年管理费用附注信息　　　　　　单位：元

项目	本期发生额	上期发生额
职工薪酬与福利	875 368 445.31	514 545 359.07
差旅办公费	322 228 874.79	198 409 384.42
折旧及摊销	113 346 593.47	37 884 103.24
股权激励费用	17 425 356.71	3 265 658.03
其他	1 088 605 189.89	1 552 373 446.84
合计	2 416 974 460.17	2 306 477 951.60

表2-6　　　　　　　恒瑞医药2023年研发费用附注信息　　　　　　单位：元

项目	本期发生额	上期发生额
人员人工费用	1 815 587 979.66	2 054 365 913.56
直接投入费用	976 060 031.00	788 104 773.84
折旧及摊销	291 985 736.11	224 942 653.40
设计试验费用	1 139 289 026.07	1 191 921 853.79
股权激励费用	78 041 281.21	14 786 011.61
其他	652 923 051.11	612 431 445.12
合计	4 953 887 105.16	4 886 552 651.32

（资料来源：恒瑞医药2023年年报）

2.1.3　资产减值损失是否可以转回的差异

资产减值是会计谨慎性的一个重要体现。按照我国《企业会计准则第8号——资产减值》的规定，固定资产、无形资产、生产性生物资产、成本模式计量的投资性房地产、长期股权投资、商誉等均适用本准则。企业应在资产负债表日判断是否存在减值迹象，例如资产市价大幅下跌，资产陈旧过时、被闲置或实体损坏，所处经济环境、技术环境或法律环境等发生变化对企业产生了不利影响。但是有两个例外：合并商誉、使用寿命不确定的无形资产。当资产的可收回金额低于账面价值时，应减记资产，同时按照二者的差额确认资产减值损失，计提资产减值准备。资产减值准备一经计提，不得转回。

资产组减值测试思路与单项资产相同。不同的是，资产组的减值损失最终应由各单项资产来承担。确定的减值损失的金额应首先抵减分摊至资产组中商誉的账面价值，再对剩余金额在商誉以外其他资产按账面价值的比例进行分摊。

对企业合并形成的商誉，应将商誉的账面价值分摊至相关资产组或资产组组合。先将商誉剔除在外，再对包含商誉的资产组或资产组组合进行减值测试，如可收回金额低于账面价值，确认商誉的减值损失。

《国际会计准则第 36 号——资产减值》同样对单项资产、资产组和商誉的减值转回问题分别作出了规定。该准则适用于除存货、合同资产、适用收入准则为取得和履行合同而发生的成本、递延所得税资产、雇员福利准则确认的资产、金融资产、按公允价值计量的投资性房地产、按公允价值减去处置费用计量的生物资产、保险合同准则确认的资产、分类为持有待售的非流动资产等以外的资产，与我国会计准则不同的是，计提减值准备后可以转回，但转回后的账面价值不得超过假设没有计提减值准备的账面价值。资产组发生减值，需要在单项资产之间按一定比例进行分摊。但商誉计提的减值准备不可以转回。

2.2 国际财务报告准则与美国公认会计原则的差异

国际会计准则委员会与财务会计准则委员会是世界范围内财务报告准则的两大主导机构，虽然二者近年来合作开发了一些联合项目，但是两套准则仍然存在差异。本专题将对国际财务报告准则与美国通用会计准则的主要差异进行剖析。

2.2.1 制定模式的差异

会计准则制定模式可以归纳为原则导向和规则导向两类，二者各有优劣。原则导向（principle based）更注重准则背后的理论支撑，有助于保证各个准则之间的内在逻辑一致，但是准则的执行需要会计人员良好的职业判断。规则导向（rule based）更有利于会计人员的操作，但是容易造成"挂一漏万"，并且明线规则（bright line）更容易被操纵。

国际财务报告准则从发布之初就致力于制定一套高质量的、全球范围内普遍认可的准则体系，因此为了实现这一目标，准则本身只能是原则性的，过于规则化的准则不利于国际财务报告准则在不同的国家和地区的推行和采纳。

美国公认会计原则的发展过程经历了如下三个阶段：1938—1958年会计程序委员会（Committee on Accounting Procedure，CAP）、1959—1973年会计原则委员会（Accounting Principles Board，APB）、1973年至今美国财务会计准则委员会（Financial Accounting Standards Board，FASB）。FASB作为民间组织，在准则制定过程中受到各利益主体的影响。安然事件爆发后，引发了专家学者们对会计准则制定模式的讨论（刘峰、林钟高、Laureen A. Maines，2003）。安然公司通过特殊目的实体（SPE）的操作使得规则导向的准则备受诟病，规则导向的制定模式往往会导致"准则过载（overload）"，美国会计准则大约17 000页，而国际财务报告准则大约2 500页（Belverd、Needles、Marian，2011）。

2.2.2　具体准则的差异

国际财务报告准则和美国公认会计原则之间的差异主要表现在存货、固定资产、无形资产、投资性房地产、资产减值以及现金流量表等方面。

1）存货准则

美国公认会计原则下，关于存货的规定适用会计准则汇编（Accounting Standard Codification）第330号，即ASC 330，与《国际会计准则第2号——存货》相比，存在较大的差异，具体对比如下：

（1）发出存货的计价方法

ASC 330规定发出存货的计价方法包括先进先出法（first-in，first-out，FIFO）、后进先出法（last-in，first-out，LIFO）、加权平均法（weighted-average cost）和个别计价法（specific identification method）。美国所得税法规定，如果后进先出法是用于税务目的的，则其可以用于记账。

《国际会计准则第2号——存货》规定发出存货的计价方法可以采用先进先出法和加权平均法，特别情况下可以采用个别计价法，而后进先出法是不允许采用的。

国际会计准则要求性质和用途相同的所有存货必须使用相同的成本计算方法，美国公认会计原则并无类似要求。

（2）存货的计量

《国际会计准则第2号——存货》要求存货按照成本与可变现净值孰低计量。可变现净值（net realizable value，NRV）是指预计售价减去预计至完工将要发生的成本和预计销售税费的净额。

《美国会计准则汇编第330号——存货》规定存货按照成本与市价孰低（lower of cost or market value，LCM）计量，市价（market value）通常是指现行重置成本，并且所确定的市价不应高于可变现净值，不应低于可变现净值减去正常毛利的差额。所以，当重置成本低于可变现净值减去正常毛利的差额时，应以可变现净值减去正常毛利的差额作为市价；当重置成本高于可变现净值时，应以可变现净值作为市价。

国际财务报告准则下按照账面成本与可变现净值之间的差额确认损失，而美国通用会计原则下按照账面成本与市价之间的差额确认损失，按照上述思路，不同情况下两套准则确定的损失金额会存在差异。例如，存货的账面成本为120元，重置成本为100元，预计售价为130元，预计进一步加工成本和相关销售税费为15元，则可变现净值为115元，正常毛利率为10%，则可变现净值减去正常毛利的差额为103.5元。在国际财务报告准则下，该存货期末应按115元计量，并确认损失5元；在美国公认会计原则下，重置成本为100元，该存货期末应按103.5元计量，因为市价不得低于可变现净值减去正常毛利的差额，确认的损失为16.5元。

存货跌价准备是否允许转回？《美国会计准则汇编第330号——存货》规定按照成本与市价孰低原则减记存货时，针对未来市价增加的情形不允许转回。《国际会计准则第2号——存货》规定按照成本与可变现净值孰低原则减记存货的金额在未来价值增加时可以转回。

2）固定资产准则

美国公认会计原则下对固定资产规范的准则是会计准则汇编第360号"不动产，厂场和设备"（ASC 360 Property，Plant and Equipment），国际会计准则体系下对固定资产规范的准则是国际会计准则第16号"不动产，厂场和设备"（IAS 16 Property，Plant and Equipment），通常简称PPE，对应我国的固定资产准则。

国际会计准则第16号规定固定资产后续计量可以采用重估模式，作为对成本模式的替代方法。但如果选择重估模式，则将运用于整个类别（on a class-by-class basis），即如果对某项不动产、厂场和设备进行重估，则归属于该类别的全部不动产、厂场和设备都应当进行重估。而美国会计准则汇编第360号规定除了针对减值外，不允许进行重估。

3）无形资产准则

美国公认会计原则下与无形资产相关的准则主要是美国会计准则汇编第350号"无形资产——商誉及其他"（ASC 350 Intangible—goodwill and other）、美国会计准则汇编第730号"研究与开发"（ASC 730 Research and Development）。国际会计准则体系下与无形资产相关的准则主要是国际会计准则第38号"无形资产"（IAS 38 Intangible Assets）。二者的差异主要体现在以下几个方面。

（1）关于无形资产的确认

国际会计准则第38号规定无形资产是指没有实物形态的可辨认的非货币性资产。满足下列条件之一的，属于"可辨认"：①可分离，即能够从主体中分离或划分出来，并能够单独或与其他相关合同、可辨认资产或负债一起，用以出售、转移、授予许可、租赁或交换，无论主体是否有上述意愿；②源自合同性权利或其他法定权利，无论这些权利是否可从其他主体或其他权利和义务中转移或分离。

美国会计准则汇编第350号规定如果满足财务会计概念公告第5号中的资产确认标准，则可以对单独取得或与其他资产一并取得（在企业合并中取得的除外）的无形资产进行确认，无须满足"可分离"（separability）标准或"合同-法律权利"（contractual-legal）标准。

（2）研发支出处理

研究支出的不同处理是美国通用会计原则与国际财务报告准则的一个重要的区别（Elena，2014）。《国际会计准则第38号——无形资产》规定研究阶段发生的支出应在发生时确认为费用，当满足以下条件时，开发阶段产生的支出应确认为无形资产：①完成该无形资产使其达到可用状态或可供销售，在技术上可行；②具有完成无形资产并使用或出售的意图；③具有使用或出售无形资产的能力；④证明无形资产如何很可能产生未来预期经济利益；⑤具有足够的技术、财务与其他资源以完成无形资产的开发，并使用与出售无形资产；⑥能够可靠计量归属于无形资产开发阶段的支出。

美国通用会计原则下，与研究和开发活动有关的支出，除部分用于网站开发及内部使用的软件开发成本可以资本化，全部作为当期费用。

（3）无形资产后续计量

与固定资产后续计量模式的差异相同，国际会计准则下对无形资产后续计量可以采用成本模式或重估模式，而美国通用会计原则下不允许采用重估模式。

（4）无形资产减值

国际会计准则规定使用寿命有限的无形资产应予以摊销，并在报告期末评估是否存在迹象表明可能发生减值，如果存在减值迹象，应估计其可收回金额。对于使用寿命不确定的无形资产不予摊销，无论是否存在减值迹象，均需进行减值测试。

美国通用会计原则下规定应予摊销的无形资产及其他长期资产，使用两步法进行减值测试。两步法的含义参见后述"资产减值"的差异。

4）投资性房地产准则

国际会计准则体系中对投资性房地产进行规范的准则是国际会计准则第40号"投资性房地产"（IAS 40 Investment Property），投资性房地产是指为赚取租金、资本增值（capital appreciation）或两者兼有而持有的不动产。投资性房地产应按成本进行初始计量。后续计量包括成本模式和公允价值模式两种，只有能够导致更恰当的列报，否则不允许从一种模式转为另一种模式，然而从公允价值模式转为成本模式被认为是几乎不可能的。如果采用的是成本模式，仍然需要披露某些公允价值。如果采用的是公允价值模式，投资性房地产公允价值变动产生的利得或损失应计入当期损益。

美国公认会计原则下没有专门针对投资性房地产的准则，相关规定一并包含在美国会计准则汇编第 360 号 "不动产、厂场和设备"（ASC 360 Property，Plant and Equipment）、美国会计准则汇编第 970 号 "房地产–通用"（ASC 970 Real Estate-General）、美国会计准则汇编第 976 号 "房地产–零售土地"（ASC 976 Real Estate- Retail land）的相关指引中，并且不允许采用公允价值模式。

5）租赁准则

美国公认会计原则下对租赁业务进行规范的包括美国会计准则汇编第 840 号（ASC 840 Lease）、美国会计准则汇编第 842 号（ASC 842 Lease）。2016 年 2 月，FASB 发布了 ASU 2016-02《租赁》，该 ASU 汇编为 ASC 842，ASC 842 替代 ASC 840 中的指引，自 2019 年 12 月 15 日起对所有主体生效。国际会计准则体系中对租赁业务进行规范的分别是《国际会计准则第 17 号——租赁》《国际财务报告准则第 16 号——租赁》。

关于租赁类型的划分。2016 年 1 月 IASB 发布《国际财务报告准则第 16 号——租赁》，替代了国际会计准则第 17 号，对承租人而言不再区租赁类型，将所有租赁纳入表内，使用权资产和租赁负债均体现在主体的资产负债表内。出租人仍然需要将每一租赁分类为经营租赁或融资租赁。如果一项租赁转移了标的资产所有权上几乎所有的风险和报酬，则为融资租赁，否则为经营租赁。

ASC 842 与 IFRS 16 最大的不同在于租赁类型不同。国际会计准则下采用的是单一承租人模型，要求所有租赁均需确认使用权资产和租赁负债，美国公认会计原则下采用的是双重模型，承租人仍然需要对租赁进行分类，分类条件与国际会计准则类似，但更详尽。规定满足下列条件之一的划分为融资租赁：①租赁期结束时，标的资产的所有权转移给承租人；②租赁包含优惠购买选择权；③租赁期占标的资产预期经济寿命的 75% 或以上，若租赁期开始日即在资产经济寿命的最后 25% 以内则该标准不适用；④租赁期开始日最低租赁付款额的现值占租赁期开始日公允价值超过出租人保留但预期会实现的相关投资税额贷项的差额的90%或以上，若租赁期开始日即在资产经济寿命的最后25%以内则该标准不适用。如果上述条件均不满足，承租人将租赁类型划分经营租赁。

对于短期租赁（租赁期限短于12个月）和低价值租赁（资产全新时价值较低，如个人电脑、小型办公家具），国际会计准则规定可以豁免采用IFRS 16的要求，在租期内按直线法将租赁付款额确认为费用。ASC 842规定，对于短期租赁，按标的资产类别，承租人可以选择不应用ASC 842的要求，而是将租赁付款额在租赁期限内按直线法计入当期损益，对可变付款额在支付义务发生的期间内进行确认。但是ASC 842没有对低价值标的资产的租赁提供类似豁免。

此外，二者的差异还表现在如下方面：①转租的处理不同。国际财务报告准则要求中间出租人基于首次租赁所产生的使用权资产将转租划分为经营租赁或融资租赁；美国公认会计原则要求基于标的资产进行划分。②售后租回交易的处理不同。国际财务报告准则规定销售方（出租人）仅针对转让给购买方（承租人）权利的部分确认出售利得或损失，美国公认会计原则下，出售利得或损失的处理与出售任意资产时的处理类似。③可变租赁付款额的处理不同。当未来租赁付款额因相关指数或利率的变化而变化时，美国公认会计原则并未要求承租人对取决于指数或利率的可变租赁付款额进行重估。而国际财务报告准则规定对于基于指数或利率的可变租赁付款额，如果指数或利率发生变动导致可变租赁付款额发生变动的，承租人需要重新计量租赁负债。

6）资产减值

关于资产减值，国际会计准则体系中适用的准则是国际会计准则第36号"资产减值"（IAS 36 Impairment of Assets），美国公认会计原则下体现在美国会计准则汇编第350号"无形资产——商誉及其他"、美国会计准则汇编第360号"不动产、厂场与设备"等准则的相关指引中。

国际会计准则第36号规定主体应在每个报告期末评估是否存在减值迹象，如果存在减值迹象，则主体需要估计资产的可收回金额。但有两个例外：使用寿命不确定的无形资产、合并商誉。美国通用会计原则相关指引中关于减值的识别与上述规定类似。差异主要体现在以下两个方面：

（1）减值测试的方法不同。

国际会计准则下减值测试采用的是一步法（one step process），如果可收回金额低于账面价值，则需要将资产的账面价值减记至可收回金额并确认减值损失。可收回金额是指公允价值减去处置费用后的净额（fair value less cost of disposal）与资产使用价值（value in use）二者中较高的金额。资产使用价值为未来现金流量的现值。

美国公认会计原则下减值测试采用的是两步法（two step process）。两步法可以简单概括为第一步判断是否减值，第二步计量减值金额。首先，对商誉减值作出规定，在报告主体层面（at the reporting unit level）使用两步法进行减值测试：第一步将报告主体的账面价值与公允价值进行比较，如果账面价值超过公允价值则执行第二步；第二步是将报告主体商誉的隐含公允价值（implied fair value）与其账面价值进行比较，如果商誉的账面价值超过其隐含的公允价值，则确认减值。隐含公允价值的确定方式与企业合并中确认商誉金额的方式相同。其次，对商誉以外的无形资产的减值作出规定。针对使用寿命不确定的无形资产应每年进行减值测试，与国际会计准则不同，主体可以首先执行定性评估，然后进行定量减值测试，将其公允价值与账面价值比较，按照账面价值超过公允价值的差额确认为减值损失。针对予以摊销的无形资产和其他长期资产，两步法体现为：第一步确定资产或资产组的账面价值是否可以收回，如果其账面价值超过该资产或资产组通过使用与最终处置所产生的未贴现的现金流量总和，则账面价值不可收回；第二步是将资产或资产组的公允价值与账面价值之间的差额确认为减值损失。

（2）减值损失是否可以转回。

国际会计准则规定如果满足某些条件，除商誉之外的资产，已确认的减值损失可以转回。美国公认会计原则规定已确认的减值损失在以后期间不可以转回。

7）现金流量表

美国公认会计原则中作出相应规范的是美国会计准则汇编第230号

"现金流量表"（ASC 230 Statement of Cash Flows），国际会计准则体系中相关的准则是国际会计准则第7号"现金流量表"（IAS 7 Statement of Cash Flows）。

从适用范围来看，国际会计准则要求所有主体都编制现金流量表，没有例外。而美国公认会计原则下有例外要求，根据 ASC 960（Plan Accounting-defined Benefit Pension Plans）编制财务信息的设定受益计划不需要编制现金流量表，符合某些特定条件的投资公司也不需要编制现金流量表。

从可比信息来看，ASC 230 并未对可比期间作出规定，SEC RULE 3-02 Consolidated Statement of Income and Cash Flows 要求经审计的现金流量表需要提供过去三年的信息。例如，埃克森美孚按照 US GAAP 编制财报，2018年年报中同时提供了三期数据，即2016年、2017年、2018年的现金流量信息，见表2-7。国际会计准则第7号现金流量表中规定需要列示最近两年的信息。宝马集团按照 IFRS 编制财报，2018年年报中同时提供了两期数据，即2018年和2017年的现金流量信息，见表2-8。

表2-7　　　　**埃克森美孚合并现金流量表（2018年）**　　单位：百万美元
Table2-7　　　Consolidated statement of cash flows—ExxonMobil　（Millions of dollars）

项　目	2018年	2017年	2016年
Cash flow from operating activities 经营活动现金流量			
Net income including noncontrolling interests 包括非控制性权益的净利润	21 421	19 848	8 375
Adjustments for noncash transactions 非现金交易的调整			
Depreciation and depletion 折旧与折耗	18 745	19 893	22 308
Deferred income tax charges/（credits） 递延所得税费用/贷项	（60）	（8 577）	（4 386）

续表

项 目	2018年	2017年	2016年
Post-retirement benefits expense in excess of（less than）net payments 退休后福利费用超过（低于）净支付	1 070	1 135	（329）
Other long-term obligation provisions in excess of（less than）payments 其他长期义务准备金超过（低于）支付	（68）	（610）	（19）
Dividends received greater than（less than）equity in current earnings of equity companies 收到的股利超过（低于）权益公司当期收益份额	（1 684）	131	（579）
Changes in operational working capital，excluding cash and debt 现金与债务以外的营运资本的变化			
Reduction（increase）-notes and accounts receivable 应收票据与应收账款的减少	（545）	（3 954）	（2 090）
-inventories 存货的减少	（3 107）	（1 682）	（388）
-other current assets 其他流动资产的减少	（25）	（117）	171
Increase（reduction）-Accounts and other parables 应付账款与其他应付款的增加	2 321	5 104	915
net（gain）on asset sale 资产出售净额（利得）	（1 993）	（334）	（1 682）
all other items-net 其他项目的净额	（61）	（771）	（214）
Net cash provided by operating activities 经营活动现金净流量	36 014	30 066	22 082
Cash flows from investing activities 投资活动现金流量			
Addition to property，plant and equipment 不动产，厂场与设备的增加	（19 574）	（15 402）	（16 163）

续表

项 目	2018年	2017年	2016年
Proceeds associated with sales of subsidiaries, property, plant and equipment, and sales and returns of investment 出售子公司、不动产、厂场和设备以及出售投资的收款，收到的投资回报	4 123	3 013	4 275
Additional investments and advances 增加的投资与预付款	(1 981)	(5 507)	(1 417)
Other investing activities including collections of advances 包括预付款收回的其他投资活动	986	2076	902
Net cash used in investing activities 投资活动现金净流量	(16 446)	(15 730)	(12 403)
Cash flows from financing activities 投资活动现金流量			
Additions to long-term debt 长期债务的增加	46	60	12066
Additions to short-term debt 短期债务的增加	—	1 735	—
Reductions in short-term debt 短期债务的减少	(4 752)	(5 024)	(314)
Additions/ (Reductions) in commercial paper, and debt with three months or less maturity 商业票据、三个月内到期的债务的增加（减少）	(219)	2 181	(7 459)
Cash dividends to ExxonMobil shareholders 支付给埃克森美孚股东的股利	(13 798)	(13 001)	(12 453)
Cash dividends to noncontrolling interests 支付给少数股东的股利	(243)	(184)	(162)
Changes in noncontrolling interests 非控制性权益的变化	146	(150)	

续表

项　目	2018年	2017年	2016年
Common stock acquired 取得的普通股	（626）	（747）	（977）
Common stock sold 出售的普通股	—	—	6
Net cash used in financing activities 筹资活动现金净流量	（19 446）	（15 130）	（9 293）
Effects of exchange rate changes on cash 汇率变动对现金的影响	（257）	314	（434）
Increase/（decrease）in cash and cash equivalents 现金及现金等价物的增加（减少）	（135）	314	（434）
Cash and cash equivalents at beginning of year 现金及现金等价物的期初余额	3 177	3 657	3 705
Cash and cash equivalents at end of year 现金及现金等价物的期末余额	3 042	3 177	3 657

表2-8　　　　　　　　宝马集团现金流量表（2018年）　　　　　　单位：百万欧元

Table 2-8　　　Consolidated statement of cash flows—BMW Group　（Millions of Euro）

项　目	2018年	2017年
Net Profit 净利润	7 207	8 675
Loss from discontinued operations 终止经营的损失	33	—
Current tax 当期税金	2 220	2 558
Income tax paid 支付的所得税	−1 972	−2 301
Interest received 收到的利息	170	125

续表

项　目	2018年	2017年
Other interest and similar income/expenses 其他利息与类似收益/费用	−199	65
Depreciation and amortization of tangible，intangible and investment assets 有形资产折旧、无形资产摊销等	5 113	4 822
Other non-cash income and expense items 其他非现金收益与费用项目	111	−249
Result from equity accounted investments 权益法投资的结果	−632	−739
Gain/loss on disposal of tangibles and intangible assets and marketable securities 有形资产、无形资产、有价证券的处置利得/损失	−34	−43
Change in deferred taxes 递延所得税的变动	355	−559
Change in leased products 租赁产品的变动	−1 693	−1 134
Change in receivables from sales financing 销售融资应收款的变动	−5 670	−7 440
Changes in working capital 营运资本的变动	−573	166
Change in inventories 存货的变动	−357	−1 293
Change in trade receivables 应收账款的变动	112	45
Change in trade payable 应付账款的变动	−328	1 414
Change in provisions 预计负债的变动	−82	752

续表

项　目	2018年	2017年
Change in other operating assets and liabilities 其他经营性资产和负债的变动	697	1 211
Cash inflow/outflow from operating activities 经营活动现金流入/流出	5 051	5 909
Total investment in intangible assets and property，plant and equipment 无形资产与不动产、厂场和设备的总投资	−7 777	−7 112
Proceeds from subsidies for intangible assets and property，plant and equipment 无形资产与不动产、厂场和设备的补助收款	21	—
Proceeds from the disposal of intangible assets and property，plant and equipment 出售无形资产与不动产、厂场和设备收取的款项	107	30
Expenditure for investment assets 投资资产的支出	−164	−142
Acquisition of subsidiaries and other business units 取得子公司和其他业务单元支付的款项	−209	—
Proceeds from the sale of subsidiaries and other business units 出售子公司和其他业务单元收取的款项	—	969
Investment in marketable securities and investment funds 有价证券和投资基金的投资	−3 725	−4 041
Proceeds from the sale of marketable securities and investment funds 出售有价证券和投资基金收取的款项	3 761	3 866
Cash inflow/outflow from investing activities 投资活动流入/流出	−7 363	−6 163
Payments into equity 取得权益支付的款项	25	38
Payments of dividend for the previous year 为以前年度支付的股利	−2 630	−2 324

续表

项 目	2018年	2017年
Intragroup financing and equity transactions 集团间筹资与权益交易	—	—
Interest paid 支付的利息	−136	−165
Proceeds from non-current financial liabilities 取得长期筹资性负债收取的款项	30 762	23 955
Repayment of non-current financial liabilities 偿还长期筹资性负债支付的款项	−22 564	−16 801
Change in other financial liabilities 其他筹资负债	−1 161	−3 131
Cash inflow/outflow from financing activities 筹资活动现金流入/流出	4 296	1 572
Effect of change rate on cash and cash equivalents 汇率变动对现金及现金等价物的影响	−19	−223
Effect of changes in composition of Group on cash and cash equivalents 集团组成部分变动对现金及现金等价物的影响	−25	64
Change in cash and cash equivalents 现金及现金等价物的变动	1 940	1 159
Cash and cash equivalents as at 1 January 现金及现金等价物年初余额	9 039	7 880
Cash and cash equivalents as at 31 December 现金及现金等价物年末余额	10 979	9 039

从现金及现金等价物的定义来看，ASC 230中现金及现金等价物包括现金及期限较短、流动性较高的投资，但是银行透支（bank overdrafts）被排除在外。与美国公认会计原则类似，IAS 7中现金及现金等价物包括现金及流动性较高的短期投资，但是银行透支在一定情形下可以被包括在内，例如它们被作为主体现金管理的一个组成部分时。

主体如果将银行透支包括在现金及现金等价物中，则需要披露上述政策。

现金流量均按照来源分为经营、投资、筹资活动三大类。但是美国公认会计原则提供了较为明确的指引，国际会计准则相对较为灵活。

从经营活动现金流量的编制来看，二者均规定可以使用直接法或间接法。但美国公认会计原则要求两种方法下均需从净利润调整为经营活动现金流量；国际会计准则只要求在间接法下从净利润调整到经营活动现金流量。

具有多类现金流特征的交易如何列示？美国公认会计原则规定应按主要来源或用途确定将之整体归属于哪类活动现金流量；而国际会计准则要求将该交易进行区分，分别列示为经营活动现金流量、投资活动现金流量或筹资活动现金流量。

关于收到或支付的利息、股利的列示。ASC 230的规定与IAS 7的规定存在差异，区分收到的还是支付的，计入不同类别。

关于租赁款项的分类。美国会计准则汇编第842号"租赁"（ASC 842 Lease）规定承租人应将经营租赁付款额列示为经营活动现金流量，融资租赁付款额中的本金部分列示为筹资活动现金流量，利息部分列示为经营活动现金流量。根据国际财务报告准则第16号（IFRS 16 Lease）的规定，承租人不再区分融资租赁和经营租赁，使用单一模式对使用权资产（ROU asset）计量，承租人应将本金部分列示为筹资活动现金流量，利息部分列示为筹资活动或经营活动现金流量。

2.2.3 列报的差异

资产负债表包括资产、负债、所有者权益项目。其中资产和负债通常按流动性进行排列，但是列示顺序可能有所不同。

按照美国公认会计原则编制的资产负债表通常先列示流动资产，再列示非流动资产，例如埃克森美孚的报表，见表2-9。按照国际会计准则编制的资产负债表通常先列示非流动资产，再列示流动资产，如宝马的报表，见表2-10。从某种意义上而言，资产负债表资产的列示顺序不同体现了对资产重要程度的不同认识。按照流动性从高到低排列，先流动资产后非流动资产，更加注重企业的债务偿还能力，保证较高的流动性，说明对债权人利益的重视；按照流动性从低到高排列，先非流动资产后流动资产，更加注重企业经营的基础，毕竟在工业经济时代维系企业存在的根本还是固定资产等非流动资产。但是随着商业模式的变更，可以预测不同性质的企业中各类资产的重要程度将会有很大不同。

表2-9　　埃克森美孚合并资产负债表资产部分（10-K格式）　单位：百万美元

Table 2-9　　Consolidated Balance Sheet-Exxon Mobil form 10-K　　Millions of dollars

项　目	Dec 31, 2018	Dec 31, 2017
Assets 资产		
Current assets 流动资产		
Cash and cash equivalents 现金及现金等价物	3 042	3 177
Notes and accounts receivable，less estimated doubtful amounts 应收票据与应收账款净额	24 701	25 597
Inventories 存货		
Crude oil，products and merchandise 原油，产品及商品	14 803	12 871
Materials and supplies 原材料及物料	4 155	4 121
Other current assets 其他流动资产	1 272	1 368
Total current assets 流动资产小计	47 973	47 134
Investments，advances and long-term receivables 投资，预付款项及其他长期应收款项	40 790	39 160

续表

项　目	Dec 31, 2018	Dec 31, 2017
Property, plant and equipment, at cost, less accumulated depreciation and depletion 不动产，厂场及设备净额	247 101	252 630
Other assets, including intangibles, net 其他资产净额（包括无形资产）	10 332	9 767
Total assets 资产总额	346 196	348 691

表2-10　　　　**宝马集团合并资产负债表（资产部分）**　　单位：百万欧元

Table 2-10　　　Consolidated Balance Sheet-BMW（Asset Section）　　Millions of Euro

项　目	Dec 31, 2018	Dec 31, 2017
Assets 资产		
Intagible assets 无形资产	10 971	9 464
Property, plant and equipment 不动产，厂场与设备	19 801	18 471
Leased products 租赁产品	38 572	36 257
Investments accounted for using the equity method 权益法核算的投资	2 624	2 769
Other investments 其他投资	739	690
Receiables for sales financing 销售融资应收款	48 109	48 321

续表

项　目	Dec 31, 2018	Dec 31, 2017
Financial assets 金融资产	1 010	2 369
Deferred tax 递延所得税	1 590	1 993
Other assets 其他资产	2 026	1 630
Non-current assets 非流动资产小计	125 442	121 964
Inventories 存货	13 047	12 707
Trade receivables 应收账款	2 546	2 667
Receivables from sales financing 销售融资应收款	38 674	32 113
Financial assets 金融资产	6 675	7 965
Current tax 当期所得税	1 366	1 566
Other assets 其他资产	9 790	7 485
Cash and cash equivalents 现金及现金等价物	10 979	9 039
Assets held for sale 持有待售资产	461	—
Current assets 流动资产小计	83 538	73 542

3 应用篇

会计信息是会计主体遵循特定的准则或制度生成的结果，资产、负债、收入、费用如何确认和计量？主体会结合自身情况和行业特征选择特定的会计政策，通过财务报表呈现出来的数据可以被认为是应用一定的会计政策的结果。不同的会计政策会导致不同的财务结果，呈现出不同的财务信息，并因此导致不同的资源分配决策或利益分配结果。因此可以说会计政策是具有经济后果的。

同样地，近年来注册会计师考试教材篇章安排上的一个变化是将"会计政策、会计估计变更和差错更正"一章的位置提前至全书第二章，从中也透露一个信号，会计政策、会计估计变更和差错更正是一个非常重要的领域，理论界和实务界也将给予更多的重视。

会计政策、会计估计如何界定？二者如何区分？特定主体为何要进行变更？变更是否合理？变更将产生什么影响？会计差错如何识别？如何加以更正？大道至简，这些基本问题需要引起我们的深思。

从一定程度上来说，会计政策、会计估计是对会计准则的一种应用，因此本篇在上篇会计准则的基础上，将以会计政策为核心，围绕会计政策变更、会计估计变更和会计差错更正三个主题而展开。

3.1 会计政策变更

会计政策是指企业在确认、计量和报告中所采用的原则、基础和会计处理方法。原则是指会计主体核算时遵循的具体会计原则；基础是指所采用的计量基础，也就是计量属性，包括历史成本、重置成本、可变现净值、现值、公允价值等；会计处理方法是指针对同一交易或事项所采用的具体核算方法，如发出存货的计价方法包括个别计价法、先进先出法、加权平均法等。

3.1.1 会计政策选择

由于计量基础的不同和核算方法的多样化，会计政策在一定的范围内表现出"可选择性"。企业为什么使用这种方法而不是其他方法，这就涉及如何选择的问题。

选择会计政策时，除了应考虑企业规模、所处行业特征、经营业务特点、所处发展阶段等自身因素外，还应考虑相关市场的发展情况。例如，根据准则的规定，投资性房地产后续计量时可以采用成本模式也可以采用公允价值模式。公允价值模式应用的前提是存在相对活跃的市场，因此，如果房地产交易缺乏活跃市场，不能可靠确定公允价值，则不宜采用公允价值模式。

不同的会计政策会产生不同的财务结果。企业在会计准则范围内选择不同的会计政策，对资产计价和损益会产生不同的影响。例如，在物价上涨趋势下，采用先进先出法时发出存货计价偏低，而结存存货计价偏高，因而当期利润和期末资产处于一个相对较高的水平。而加权平均法则会平滑这种效果。又如，借款费用资本化还是费用化，也是不同的选择。资本化的结果是计入资产成本，而费用化的结果是计入损益，显而易见，如果准则不加以明确界定，则企业会倾向于选择资本化，因为这样报表看起来比较"漂亮"。通过上述两个例子对比，可以得出这样的结论：准则需要提前预料这些选择所带来的经济后果，对所选择的

"范围"和"条件"加以限定。

【小案例】 世通公司的线路成本

美国世界通信公司（WorldCom，简称世通公司），曾经仅仅通过15年的时间就成为仅次于美国电话电报公司（AT&T）的电信业巨头。世通公司的成长与其大规模的并购密不可分，1998年它用400亿美元收购了美国通信公司（MCI communication），是其操作的最大并购案。作为一家全球通信产业的提供者，世通公司的经营范围遍布世界65个国家，在20世纪90年代电信行业中扮演着重要角色。但是2001年经济下滑，世通公司的收益与利润同样下滑，使得其很难维持行业分析师对其的预期。

2001年早期，为了迎合华尔街的预期，并支撑其股票价格，世通公司采用了一些不当的会计手法进行利润操纵。世通公司经营费用中的一个主要项目是其所谓的"线路成本（line cost）"，通常线路成本是指世通公司支付给第三方电信网络提供商的费用，按照美国通用会计原则（US GAAP），这些费用应该费用化而不能资本化。但是，2001年第一季度早期，世通公司高层管理者指使按照能够迎合华尔街预期的金额将线路成本转入资本账户，欺骗了投资者。通过这样的操作，世通公司实现了少计费用、大幅抬高利润的目的。2002年6月，美国证券交易委员会指控世通公司在提交的文件中（具体而言，截至2001年12月31日的10-K年报以及截至2002年3月31日的10-Q季报）存在财务舞弊。2002年7月，世通公司宣布破产保护，成为美国历史上最大的破产案。

（资料来源：作者整理自网页资料，https://www.sec.gov/litigation/complaints/complr17588.htm）

上市公司年报附注中单设一节"重要会计政策和会计估计"，对所采用的重要的会计政策加以披露，但是针对同一事项而言，各公司披露的详略程度可能会表现出不同。例如，自行开发的无形资产如何进行初始计量？研究阶段与开发阶段的支出分别进行不同的处理：研究阶段的支出全部费用化，开发阶段的支出实施有条件的资本化。可见，资本化还是费用化的关键在于判断是否符合"条件"，针对上述研究支出会计处理以及资本化条件的一般性内容，上市公司通常都会披露，但是资本化条件如何判断，各公司披露的详略程度不一。以科德数控为例，其在2023年年报中单独披露了"内部研究开发支出会计政策"，按照该项支出是不是属于必经阶段，详细列示了资本化时点，具体如下。

【小案例】 <center>**科德数控的研发**</center>

科德数控股份有限公司（证券简称：科德数控，股票代码：688305）是大连光洋科技集团有限公司的控股子公司，是我国本土专业化、自主化高档数控系统和关键功能部件的高档数控机床制造商，是目前国内五轴装备最大的产销基地，是中国唯一的"机床和控制、反馈装置及电机一体化"供应商。

公司具有完善的研发体系以支撑公司整体的产品研发工作和产品的生命周期管理工作。在整个公司层面，研究院、设计院与生产技术部及市场部、资材部、生产计划部、生产和品质部等各部门构成了完整的产品开发流程。由市场部提出产品开发需求，研究院及设计院完成立项、产品研发设计、工艺开发并打通了产品的试制及测试流程。生产计划部下达生产任务。生产和品质部门从工艺开发阶段开始介入新产品生产的技术准备，保证产品的生产技术资料顺利转入生产系统。资材部配合产品开发，负责各种原料和设备采购。

公司新产品开发项目管理分为立项、设计、试制、结项四个阶段，产品量产后，研发部还将协助生产部对量产产品进行持续改进。公司制定新产品设计与开发控制程序，清晰定义新产品开发与设计管理的流程，明确立项阶段、设计阶段、试制阶段、结项阶段等工作流程，详见图3-1。

科德数控非常注重研发，研发投入力度较大，研发投入资本化的比例较高，公司拥有较多的专利。全国工商联指导、中华工商时报主办的2022年度"四个最具"企业评选中，科德数控被评为"最具创新力企业"。

科德数控2023年研发投入总额较上年增长了31.09%。

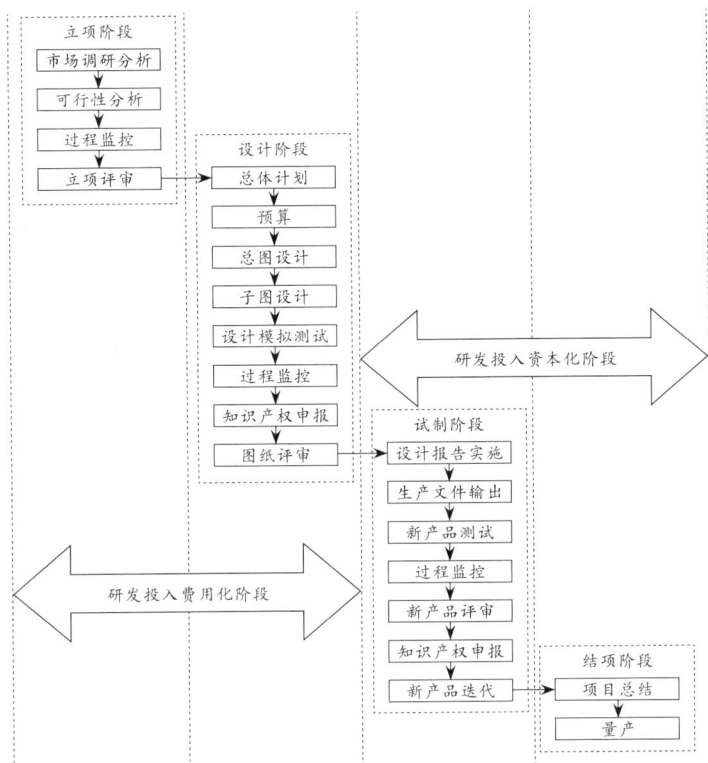

图 3-1　科德数控的研发流程

（资料来源：科德数控 2023 年年报）

3.1.2　会计政策变更的会计处理

为了保证会计信息的可比性，《企业会计准则第 28 号——会计政策、会计估计变更和差错更正》规定针对相同的交易或事项，企业应采用相同的会计政策进行处理，企业采用的会计政策在前后各期应保持一致，不得随意变更。

会计政策变更是指企业对相同的交易或事项由原来的会计政策改为另一种会计政策。准则规定两种变更类型：一是法定变更，即法律、行政法规或国家统一的会计制度等要求变更；二是自愿变更，即认为变更能够提供更可靠、更相关的会计信息。但需要注意的是，首次出现的交易或事项采用会计政策，不属于会计政策变更，本期发生的交易或事项与前期相比有本质差异而采用新的会计政策，只是会计政策的选择，而不是会计政策变更。

　　对于重要的会计政策变更需要披露，不重要的会计政策变更可以不予披露。判断是否重要，需要考虑与会计政策相关的项目的性质和金额。发生会计政策变更，企业应当采用追溯调整法进行会计处理，确定变更对列报前期影响数不切实可行的，采用未来适用法处理。针对会计政策变更，企业应当在附注中披露变更的性质、内容和原因，当期和前期财务报表中受影响的项目名称和调整金额，无法追溯调整的，说明事实和原因。

3.2　会计估计变更

　　为什么需要进行会计估计？针对哪些事项需要进行估计？会计估计如果发生变更应该如何进行处理？

3.2.1　会计估计与不确定性

　　会计的世界里充满很多的不确定性。最典型的就是或有事项，源于过去的交易或事项而形成的某种不确定性，是否发生具有不确定性，发生的金额具有不确定性。或有事项从性质上而言，体现为或有负债、或有资产。

　　或有事项是否进表？处理不尽相同，需要对"可能性"程度加以判断。当或有负债是一项现时义务，且预期很可能导致经济利益流出企业、成本能够可靠计量时，或有负债需要进入报表，确认为一项预计负债。相反，对于或有资产而言，只有条件达到基本确定时，才能够加以确认，可见条件更加严格。

　　具有不确定性，就需要会计人员进行判断，进行估计。因此，会计估计大量地充斥于会计世界。例如，固定资产需要计提折旧，就离不开对使用寿命、残值的估计，就连固定资产的经济利益实现方式，也被视为一种估计。应收款项的部分或全部具有无法收回的可能性，就需要计提坏账准备，相应地，预期信用损失可以采用某种方法加以估计。类似地，诸多资产的计价与列报都离不开估计，因为资产负债表中的资产很多都是扣除相应的减值准备的金额，可以说报表中的列示金额都是基于某种估计而得出的结果。据统计，以2019年度一般企业财务报表格式为例，在资产负债表的31个资产项目和21个负债项目中，除货币资金、短期借款、应付票据、应付账款、预收款项、长期借款外，其余30个资产项目和16个负债项目余额的确定，都离不开估计和判断，占比分别达到97%和76%。利润表的17个损益项目中，除营业外收入和营业外支出外，其余15个项目也都需要大量的估计和判断，占比高达88%（黄世忠，2019）。

3.2.2　会计估计变更的会计处理

会计估计就是对不确定交易或事项以最近可利用的信息为基础所做的判断。会计估计的前提是经济业务的不确定性，随着时间的推移，可获得的信息会发生更新，所做的判断也会发生改变，因而出现会计估计变更。需要注意的是，会计估计变更并不意味着之前作出的判断是错误的，也不会削弱会计确认和计量的可靠性。

重要的会计估计变更需要在附注中披露，如固定资产的使用寿命和净残值、应收账款预期损失的估计、无形资产的预计使用寿命和净残值、资产可收回金额的确定、各类资产的公允价值的确定等。

对于会计估计变更，应采用未来适用法进行会计处理，并区分变更仅影响当期还是既影响当期又影响以后期间分别进行处理。对于会计估计变更，企业应当披露变更的内容和原因，变更对当期和未来期间的影响数，变更影响数不能确定的，披露相应的事实和原因。

3.2.3　会计政策变更与会计估计变更的区分

从上述分析可以看出，会计政策变更与会计估计变更具有不同的性质和处理方法。对于一项变更，企业应正确区分属于会计政策变更还是属于会计估计变更。

正确的区分标准是判断会计确认、计量基础和列报项目是否发生变更，上述中只要有一项发生变更就属于会计政策变更，否则属于会计估计变更。

利驰租赁曾经在2016年发布了一则《会计政策变更公告》，将叉车的折旧年限延长。上述变更中涉及的是固定资产折旧年限的变更，性质上属于会计估计变更，而不是会计政策变更。公告中对变更内容、原因及影响做了较为详尽的说明，但是对于变更的会计处理缺乏说明。

3.3 会计差错更正

会计差错更正，更确切的说法是"前期差错更正"。前期差错是由于没有运用或错误运用以下两种信息而对前期财务报表造成省略或错报：①编制前期财务报表时预期能够取得并加以考虑的可靠信息；②前期财务报告批准报出时能够取得的可靠信息。

前期差错通常包括计算错误、对会计政策的错误应用、疏忽或歪曲事实以及舞弊等。对于前期差错，应根据性质和金额，区分重要的前期差错和不重要的前期差错，根据错漏报是否影响使用者决策，判断是否重要。差错的金额越大，性质越严重，重要性越高。

3.3.1 会计差错更正的处理

对于不重要的前期差错，不需要追溯调整，只需要调整发现当年与前期相同的相关项目，涉及损益的直接计入当年净损益。

对于重要的前期差错，应采用追溯重述法进行会计处理，视同该项差错从未发生过。编制比较财务报表时，如果重要差错发生在比较报表期间，则应调整发现当年资产负债表项目的期初数和利润表的上期数，其他相关项目一并调整；如果差错发生在比较报表期间之前，则应调整比较财务报表最早期间的期初留存收益，其他相关项目一并调整。确定前期差错影响数不切实可行的，从可追溯重述的最早期间开始调整留存收益的期初余额，则财务报表其他相关项目的期初余额也应当一并调整，也可以采用未来适用法。

企业应当在附注中披露前期差错更正有关的信息，包括前期差错的性质、各个列报前期财务报表中受影响的项目名称和更正金额，无法追溯重述的，说明事实和原因以及对前期差错开始更正的时点和具体更正情况。当期报表中已披露前期差错更正的信息，在以后期间无须重复披露。

3.3.2　会计差错更正与重要性

"重要性"一词在会计和审计领域均被加以界定并应用。站在注册会计师审计的角度而言，需要确定重要性水平。

会计领域，重要性是作为一项会计信息质量特征加以提出的。美国会计准则委员会将其定义为报表中存在的一项错误或漏报的会计信息影响报表使用者决策的程度。国际会计准则下，《财务会计概念公告第 2 号》将重要性描述为一种对财务报告的限制，仅能与质量特征（特别是相关性和如实反映）一并考虑。1989 年版概念框架将重要性作为相关性的一个方面来讨论。可见，重要性与相关性一并置于能否影响报表使用者决策的视角下进行考虑。2018 年版概念框架着重强调重要性是站在主要使用者的需求角度而言的，而不是任何其他使用者需求。

对重要性的衡量，通常需要从性质和金额两个角度进行。通常金额在一定标准以上的就是重要的，否则就是不重要的，但有时金额虽然在一定标准之下但是性质较为重要，也需要加以单独披露和处理。此外，应考虑单位规模等具体情况，某一单位不重要的事项对其他单位而言可能是重要的。

重要性原则在会计差错更正中的应用体现在：准则规定，对于重要的会计差错需要进行追溯处理，对于不重要的会计差错只需要反映在发现当期的相关项目中。

4 报告篇

4.1 综合收益变革

综合收益（comprehensive income）的概念 1980 年由美国财务会计准则委员会提出，1997 年，其进一步明确综合收益包括净利润与其他综合收益。国际会计准则对综合收益的研究起步较晚，2007 年才正式将其列入准则研究中，金融危机后加快了对其的研究。作为与美国财务会计准则委员会联合项目的成果，国际会计准则理事会于 2011 年 6 发布了《其他综合收益项目的列报（对国际会计准则第 1 号的修订）》，就其他综合收益项目的分类及列报提供了指引。我国于 2014 年在修订后的《企业会计准则第 30 号——财务报表列报》中正式提出了综合收益的概念。

4.1.1 从收入、费用、利得、损失说起

2006 年 2 月 15 日，我国财政部发布《企业会计准则——基本准

则》，其中，首次将利得、损失写入基本准则，指出利润包括收入减去费用的净额、直接计入当期利润的利得和损失。直接计入当期利润的利得和损失，是指应当计入当期损益、会导致所有者权益发生增减变动的、与所有者投入资本或向所有者分配利润无关的利得或损失。

收入、费用、利得、损失是四个相近但又相互区别的概念。其中，收入与费用产生于日常活动，利得与损失产生于非日常活动。收入与利得从表现形式来看都是一种经济利益的流入，从结果来看都会导致所有者权益增加；费用与损失都表现为一种经济利益的流出，结果上都会导致所有者权益减少。收入、费用、利得、损失的区别如图4-1所示。

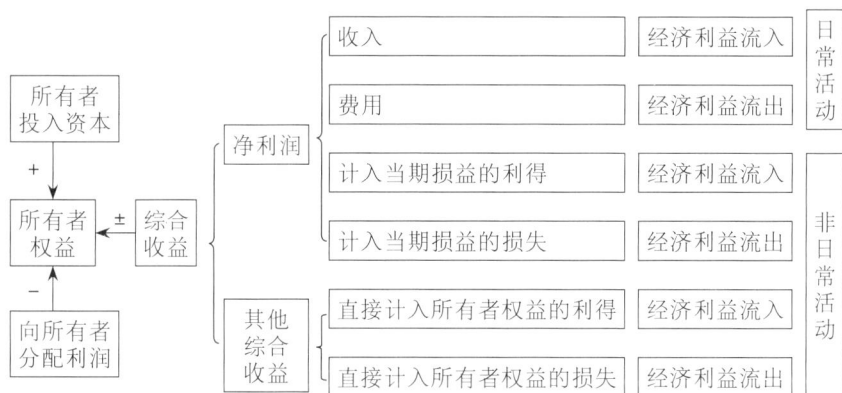

图4-1 收入、费用、利得、损失关系图

从图4-1可见，所有者权益是核心，收入、费用、利得、损失均会对所有者权益产生影响，而企业与所有者之间的交易也会对所有者权益产生影响，所有者向企业投资会增加所有者权益，对企业而言产生一种经济利益的流入，向所有者分配利润会减少所有者权益，对企业而言是一种经济利益的流出。但是这些经济利益的流入流出并非企业自身活动（区分为日常活动和非日常活动）所产生的。

4.1.2 综合收益的含义及构成

综合收益，也称全面收益，内容上包括净损益（我国习惯性称其为净利润）与其他综合收益。净损益是传统的损益表上列示的最后一个项目，反映了企业在一定时期内的经营成果。从内容上来讲，利润包括日常活动产生的收入减去费用的结果，也包括计入当期损益的利得减去损失的结果。

我国2014年对《企业会计准则第30号——财务报表列报》进行了修订，对利润表进行调整，从传统的收益观念过渡到综合收益，使得利润表的列报发生了较大变化。修订后的准则对其他综合收益和综合收益的概念加以明确。

综合收益，是指企业在某一期间除与所有者以其所有者身份进行的交易之外的其他交易或事项所引起的所有者权益变动。综合收益总额项目反映净利润和其他综合收益扣除所得税影响后的净额相加后的合计金额。

其他综合收益，本质上是指企业根据其他会计准则规定未在当期损益中确认的各项利得和损失。其他综合收益项目应当分为下列两类列报：一是以后会计期间不能重分类进损益的其他综合收益项目；二是以后会计期间在满足规定条件时将重分类进损益的其他综合收益项目。

我国财务报表列报准则以列举的方式对两类其他综合收益进行了解释，便于会计人员在会计实务中加以理解和操作。第一类主要包括重新计量设定受益计划净负债或净资产导致的变动、其他权益工具投资公允价值的变动额、按照权益法核算的在被投资单位以后会计期间不能重分类进损益的其他综合收益中所享有的份额等；第二类主要包括按照权益法核算的在被投资单位以后会计期间满足规定条件时将重分类进损益的其他综合收益中所享有的份额、其他债权投资公允价值变动额、金融资产重分类计入其他综合收益的金额、外币财务报表折算差额等。

4.1.3 其他综合收益的分类

在我国最新财务报表格式（适用于新金融准则、新收入准则和新租赁准则的企业）中，其他综合收益的税后净额分为两类：不能重分类进损益的其他综合收益和将重分类进损益的其他综合收益。

1）不能重分类进损益的其他综合收益

（1）重新计量设定受益计划变动额

根据职工薪酬准则，职工薪酬包括短期薪酬、离职后福利、辞退福利和其他长期职工福利。

离职后福利分为设定提存计划（defined contributuion plan）和设定受益计划（defined benefit plan）两种。设定提存计划下，企业向特定机构缴纳的提存金是固定的，职工离职后无法保证特定受益额的风险只能由职工承担，而设定受益计划下，企业需要保证职工未来的受益额是固定的，按照一系列精算假设将未来收益额进行折现，从而确定企业的现时义务。可见，两种离职后福利下企业要承担的风险是不同的。就养老保险而言，基本养老保险属于设定提存计划，补充养老保险一般属于设定受益计划。

设定提存计划和设定受益计划下的会计处理是不同的。设定提存计划下只需核算各期缴存的提存金即可，设定受益计划下的会计处理较为复杂。设定受益计划下会形成净资产或净负债，设定受益计划义务的现值与设定受益计划资产公允价值之间会存在一定的差额，设定受益计划义务的现值高于设定受益计划资产公允价值所形成的赤字称为净资产，反之称为净负债。设定受益计划的净资产或净负债的变动额需要计入其他综合收益。

（2）权益法下不能转损益的其他综合收益

对联营企业或合营企业的长期股权投资后续期间需要按权益法核算，权益法最大的特征在于投资单位持有的长期股权投资的账面价值随着被投资单位所有者权益的变动而变动，当被投资单位产生了一项其他综合收益并且以后不能重分类进损益时，则投资单位需要按照持股比例一方面调整长期股权投资的账面价值；另一方面确认一项其他综合收益，同样地，以后不能重分类进损益，简化表述即为"权益法下不能转损益的其他综合收益"。

（3）其他权益工具投资公允价值变动

企业持有的其他权益工具投资，初始按公允价值计量，后续持有期间除获得的股利计入当期损益外，相关利得或损失均计入其他综合收益，且后续不得转入当期损益。该金融资产终止确认时，之前计入公允价值变动形成的利得或损失应从其他综合收益转出，计入留存收益。可见，该其他综合收益在未来转入了所有者权益，而不是损益。因此，属于"不能重分类进损益的其他综合收益"。

（4）企业自身信用风险公允价值变动

该项目反映企业指定为以公允价值计量且其变动计入当期损益的金融负债，由企业自身信用风险变动引起的公允价值变动而计入其他综合收益的金额。该项目应根据"其他综合收益"科目的相关明细科目的发生额分析填列，并且该其他综合损益属于不可转损益的其他综合收益。

2）将重分类进损益的其他综合收益

（1）权益法下可转损益的其他综合收益

投资单位对被投资单位具有共同控制或重大影响时，后续按照权益法核算。权益法下，当被投资单位的所有者权益发生变动，投资单位的长期股权投资随之调整。当被投资单位产生一项其他综合收益且在未来可以重分类进损益，则投资单位按照持股比例一方面调整长期股权投资的账面价值，另一方面确认一项其他综合收益，且可以在未来重分类进损益，简称为"权益法下可转损益的其他综合收益"。

（2）其他债权投资公允价值变动

企业持有的债务工具，合同现金流满足SPPI特征，即按照合同规定，特定日期产生的现金流量仅为对本金和基于本金产生的利息的支付，且管理该金融资产的业务模式为双重目的，即既以收取合同现金流为目标又以出售为目标，则分类为以公允价值计量且其变动计入其他综合收益的金融资产，核算时通过"其他债权投资"科目进行。

其他债权投资初始按公允价值计量，后续持有期间由于公允价值的变动所产生的利得计入其他综合收益，终止确认时原计入其他综合收益的金额需要转出，计入投资收益，意味着其他综合收益在其终止确认时转入了损益，即在未来可以重分类进损益。

（3）金融资产重分类计入其他综合收益的金额

AC重分类为FVOCI时账面价值与公允价值的差额计入其他综合收

益。终止确认时，可以将原计入其他综合收益的金额转出至投资收益，因此该其他综合收益属于未来可转损益的其他综合收益。

（4）其他债权投资信用减值准备

企业持有的其他债权投资发生减值时，一方面计入信用减值损失，另一方面计入其他综合收益，此时其他综合收益下设置明细科目"信用减值准备"，终止确认时将原计入其他综合收益的金额转出，计入投资收益，意味着"在未来可以重分类进损益"。

（5）现金流量套期储备

企业为了规避外汇风险等开展的套期活动，分为公允价值套期、现金流量套期和境外经营净投资套期。现金流量套期，是指对现金流量变动风险敞口进行的套期。现金流量套期储备是企业为规避外汇风险而进行的外汇套期保值交易所形成的储备。通过进行外汇远期合约或期权交易，将未来的现金流量与特定货币的汇率锁定在一起，以保护企业免受货币汇率波动的影响。有效套期的部分计入其他综合收益，而属于套期无效的部分计入当期损益。

（6）外币财务报表折算差额

按照外币折算的要求，企业拥有的境外经营应该按照一定的汇率对其财务报表进行折算，折算所产生的差额称为"外币财务报表折算差额"。

外币财务报表折算差额在我国财务报表中的列报位置不断变化，原来处于一个较为尴尬的位置，列示在负债与所有者权益之间，性质较为模糊，最新的财报格式中将其明确包括在其他综合收益中。处置境外经营时，应将原计入其他综合收益的金额转出，计入当期损益，如果部分处置境外经营，则按处置比例相应结转计入当期损益。因此，该其他综合收益属于可转损益的其他综合收益。

【小案例】　　　　　　**格力电器的其他综合收益**

格力电器2023年合并利润表中列示了其他综合收益，区分归属于母公司股东的部分和归属于少数股东的部分，具体见表4-1。

表4-1   **格力电器的其他综合收益**   单位：元

六、其他综合收益的税后净额	−1 335 306 322.73	−9 157 870 577.73
（一）归属于母公司股东的其他综合收益的税后净额	−1 353 437 738.42	−9 161 102 750.23
1.不能重分类进损益的其他综合收益	−1 419 870 672.10	−9 426 072 167.28
（1）重新计量设定受益计划变动额	−15 837 466.00	−8 601 949.00
（2）权益法下不能转损益的其他综合收益	−852 472 209.72	−4 749 379 513.24
（3）其他权益工具投资公允价值变动	−551 560 996.38	−4 668 090 705.04
（4）企业自身信用风险公允价值变动		
（5）其他		
2.将重分类进损益的其他综合收益	66 432 933.68	264 969 417.05
（1）权益法下可转损益的其他综合收益	160 652.18	
（2）其他债权投资公允价值变动	5 646 351.69	51 928 741.98
（3）金融资产重分类计入其他综合收益的金额		
（4）其他债权投资信用减值准备	2 753 149.69	−3 667 360.51
（5）现金流量套期储备	1 650 685.72	−24 846 643.18
（6）外币财务报表折算差额	56 222 094.40	241 554 678.76
（7）其他		
（二）归属于少数股东的其他综合收益的税后净额	18 131 415.69	3 232 172.50

（资料来源：格力电器2023年年报）

    由表4-1可见，现行利润表事实上属于综合收益表，提供的最后指标是综合收益。根据格力电器的2023年利润表，净利润+其他综合收益的税后金额=综合收益总额，并且作为合并利润表的相关项目，需要进一步区分归属于母公司股东的部分和归属于少数股东的部分。

4.2 XBRL财务报告

如果我们想下载查阅一家内地上市公司的财务报告，可以进入公司官网或交易所网站查询，通常公司官网会专设"投资者关系"板块，进入即可获得该公司的定期报告或不定期报告，或者进入交易所网站，亦可在"信息披露"板块获得上市公司的定期报告或不定期报告，但是上述路径获得的财务报告通常为PDF格式。动辄几百页的年度报告可谓一个信息的海洋，不便于信息的获取和比较。站在信息使用者和监管主体的角度而言，信息提供如果能够像点餐一样需要什么信息就能定位到什么信息，信息搜寻成本就会大大降低。

与现行财务报告较为普遍的PDF格式相比，XBRL格式具有非常明显的优势。XBRL（eXtensible Business Reporting Language）全称为可扩展商业报告语言，是XML（eXtensible Markup Language，可扩展标记语言）在财务报告领域的一种应用。

4.2.1 XBRL财务报告的基本含义

XBRL的构想最早由美国会计师查尔斯·霍夫曼于1998年提出。XBRL国际（XBRL International）是一个全球性的非营利性组织，致力于为商业报告提供公开的数字交换标准，从而提高信息的可信度与透明度。该组织于1999年由美国注册会计师协会、微软、普华永道、EDGAR在线等联合组建。

XBRL在财务报告上的应用，编译为计算机能够读懂的语言，需要三个部分：XBRL技术规范（specification），XBRL分类标准（taxonomy），XBRL实例文档。

XBRL技术规范就像一部字典，是由XBRL国际组织制定的技术说明书，定义了XBRL的各种专业术语以及XBRL的文档结构，说明了如何建立分类标准以及实例文档，对XBRL标签作出统一规定，要求开发者共同使用。至今，XBRL国际组织已经发布了三个版本的技术规范，分别是XBRL1.0，XBRL2.0，XBRL2.1。

XBRL分类标准是由不同国家、不同行业根据XBRL技术规范和自身的行业会计准则定义的，适用于本地区、本行业的词汇表，它是编制实例文档的关键，也是某一地区、某一行业开展XBRL工作的重要一步。分类标准包括两个部分：模式文件和链接库。前者用来定义财务报告元素及其属性，后者用来定义各种关系。

XBRL实例文档是依据XBRL技术规范和XBRL分类标准编制的商业数据文件，是包含商业报告信息的XML文件，可以看成遵循特定分类标准的事实值的数据库，由财务报告的提供者创建，这就是我们通常所说的XBRL财务报告。

4.2.2　XBRL财务报告在我国的发展

XBRL被喻为财务报告领域的条形码，但是XBRL的推广历程不同于会计准则的趋同。各个国家都有适用于本国的会计准则，在这样的背景下，推行一套在全球范围内普遍认可的高质量会计准则是具有非常大的阻力的。但是XBRL首先是发布国际标准，继而在世界范围内推行，由于其本身具有标准化、结构化、跨平台等特征，计算机可以自动识别、自动处理，分类标准在不同地区、不同行业可以扩展，因而自诞生以来已经在很多国家得到应用。以下将按时间轴梳理XBRL在我国的应用。

2003年开始启动。2005年3月证监会发布了《上市公司信息披露电子化规范》，旨在提供一个数据描述规范，为上市公司的信息披露提供一个统一、规范的描述方式。其中，所依据的主要技术规范便是可扩展商业报告语言2.0版技术规范，对于推动我国上市公司信息披露的电子化进程发挥了重要的作用，也是推进XBRL实施的一个重要举措。2005年4月，上海证券交易所正式成为XBRL国际组织会员。

XBRL在新时期推动我国会计信息化进程中扮演着重要的角色。2009年4月12日财政部发布《财政部关于全面推进我国会计信息化工作的指导意见》，指出全面推进我国会计信息化工作的目标是：力争通过5~10年的努力，建立健全会计信息化法规体系和会计信息化标准体系（包括可扩展商业报告语言（XBRL）分类标准），全力打造会计信息化人才队伍，基本实现大型企事业单位会计信息化与经营管理信息化融合，进一步提升企事业单位的管理水平和风险防范能力，做到数出一门、资源共享，便于不同信息使用者获取、分析和利用，进行投资和相关决策；基本实现大型会计师事务所采用信息化手段对客户的财务报告和内部控制进行审计，进一步提升社会审计质量和效率；基本实现政府会计管理和会计监督的信息化，进一步提升会计管理水平和监管效能。

2010年我国正式成为XBRL国际组织下属的国家地区组织。XBRL-cn.org为XBRL中国地区组织官方网站，由上海国家会计学院受XBRL中国地区组织委托管理，也是国内了解XBRL的一个重要渠道。

2010年10月19日，国家标准化管理委员会和财政部举行了可扩展商业报告语言（XBRL）技术规范系列国家标准和企业会计准则通用分类标准发布会。两套标准规定了XBRL语言的基本要素和按照企业会计准则编制XBRL财务报告的基本要求，为构建科学完善、国际通行的会计信息化标准体系奠定了基础，成为我国会计信息化工作的一个里程碑和新起点。对国家分类标准的定位是：企业会计准则通用分类标准是采用可扩展商业报告语言（XBRL）表述的会计准则，是企业会计准则的重要组成部分。

2010年12月9日财政部发布《关于实施企业会计准则通用分类标准的通知》，拟定了首批实施通用分类标准的企业和会计师事务所名单和要求。首批实施通用分类标准的企业包括：中国石油天然气股份有限公司、中国石油化工股份有限公司、华能国际电力股份有限公司、中国联通股份有限公司、中国人寿保险股份有限公司、中国铝业股份有限公司、中国东方航空股份有限公司、中国南方航空股份有限公司、广深铁路股份有限公司、兖州煤业股份有限公司、中兴通讯股份有限公司、国家开发银行、国家开发投资公司。首批实施通用分类标准的具有证券期货相关业务资格的会计师事务所包括：立信会计师事务所有限公司、天健会计师事务所有限公司、立信大华会计师事务所有限公司、信永中和会计师事务所有限责任公司、安永华明会计师事务所、国富浩华会计师事务所有限公司、京都天华会计师事务所有限公司、普华永道中天会计师事务所有限公司、德勤华永会计师事务所有限公司、毕马威华振会计师事务所、中瑞岳华会计师事务所有限公司、大信会计师事务所有限公司。

基于企业会计准则通用分类标准，财政部2011年12月发布了石油和天然气行业扩展分类标准，2012年12月发布了银行业扩展分类标准；2011年5月财政部发布了《企业会计准则通用分类标准编报规则》，并于2011年和2012年组织实施；2013年5月29日对编报规则进行了修订，印发了修订后的《企业会计准则通用分类标准编报规则》。

2015年3月24日财政部发布了2015年版企业会计准则通用分类标准，2015年版通用分类标准对通用分类标准和行业扩展分类标准进行了整合，以替代2010年版通用分类标准、石油和天然气行业扩展分类标准、银行业扩展分类标准。2015年版通用分类标准主要从架构和内容两方面进行了调整。架构方面，行业扩展分类标准被整合到通用分类标准中，作为通用分类标准的行业模块；内容方面，主要是根据企业会计准则的变化、国际财务报告准则分类标准的变化和通用分类标准的实施情况更新了相关内容。

2015年版通用分类标准中使用的财务报告概念（元素）总数为5 013个，其中通用部分元素4 317个，石油和天然气行业扩展部分元素110个，银行业扩展部分元素586个。通用分类标准中的每项元素都包含一系列属性。通用分类标准指南中以应收账款为例，对元素的属性做了简单的介绍。

2016年10月8日财政部发布了《关于印发〈会计改革与发展"十三五"规划纲要〉的通知》，指出加强会计信息化建设是"十三五"期间的一项重要任务，要求推进企业会计准则通用分类标准有效实施；不断更新企业会计准则通用分类标准，推动监管部门在监管领域制定和实施监管扩展分类标准，形成各部门协调配合的财务报告数据交换标准体系，适时推动建立以披露财务报告数据为主的社会化会计信息公共服务平台；研究制定企业账户层面和交易层面会计数据以及相关业务数据交换标准，降低会计信息生产成本和企业内外部交易成本，促进企业数据的深度利用；积极参与可扩展商业报告语言（XBRL）等国际标准制定工作，全面提升我国在会计信息化领域的国际影响力。可见，推进

XBRL财务报告的实施，有助于提升会计信息化建设水平。

伴随着近年来会计准则的变更，企业会计准则分类标准的元素清单也在发生变化，2020年5月12日财政部办公厅发布关于征求《2020版企业会计准则通用分类标准元素清单（征求意见稿）》意见的通知，目前正处于征求意见阶段。

4.2.3 我国企业 XBRL 财务报告编制流程

财政部2015年发布的《企业会计准则通用分类标准指南》指出，报告企业编制财务报告实例文档的一般流程可分为4个步骤：

第一步，分析通用分类标准和本企业的财务报告，将财务报告映射到通用分类标准上。在使用通用分类标准进行实例文档的编制工作前，报告企业应熟悉通用分类标准的使用方法，分析通用分类标准与企业会计准则、通用分类标准与行业财务报告特有的共性内容之间的关系，进而确定如何以通用分类标准为基础反映企业的财务报告。

第二步，确定适用的通用分类标准元素和链接库。报告企业的财务报告概念和关系与通用分类标准映射完成后，应将映射工作的成果记录下来，用以反映企业适用的通用分类标准元素和链接库。在此步骤完成之后通用分类标准中企业未使用到的其他元素、链接库和扩展链接角色将不会在企业编制实例文档的过程中出现。

第三步，创建报告企业的扩展分类标准。在确定适用的通用分类标准元素和链接库后，报告企业应当按照通用分类标准的扩展原则，创建企业扩展分类标准。在报告企业创建扩展分类标准时，不仅需要根据映射工作的成果在扩展分类标准中引用通用分类标准适用的企业财务报告概念，还需要补充通用分类标准中没有定义的企业财务报告概念（创建扩展元素），同时设置这些元素间的关系（包括扩展元素间的关系和扩展元素与通用分类标准元素间的关系）。

第四步，编制实例文档。基于通用分类标准或报告企业的扩展分类标准，报告企业创建 XBRL 实例文档。

可见，编制实例文档是提供XBRL财务报告的最后一步，也是按照通用分类标准编制并对外报送 XBRL 财务报告的关键一步。在这个步骤中将本单位财务报告信息转换为 XML 格式，数据的录入可以借助软件来完成，目前国内主要的 XBRL 软件厂商主要有吉贝克、普联、NTT、富士通、用友、金蝶、浪潮、中科金财、东华（刘梅玲，2015），企业可以利用这些软件生成实例文档。

其中，2015 年版分类指南中对元素及属性做了一定的解释，以应收账款为例，通用分类标准元素"应收账款"及其属性如图 4-2 所示。

```
<xs:element
name="AccountsReceivable"
id="cas_AccountsReceivable"
type="xbrli:monetaryItemType"
substitutionGroup="xbrli:item"
abstract="false"
nillable="true"
xbrli:balance="debit"
xbrli:periodType="instant"/>
```

图 4-2　通用分类标准元素"应收账款"及其属性

以应收账款为例，通用分类标准元素的部分重要属性如下：

1）元素名称（element name）。元素名称以元素的英文标准标签为基础确定，遵循"驼峰规则"（camel case），以便计算机识别。"应收账款"的英文标准标签是"accounts receivable"，元素名称应该是"AccountsReceivable"。

2）元素 ID（element ID）。元素 ID 是通用分类标准中所使用的每一个元素的唯一编号。元素 ID 的结构是：分类标准的命名空间前缀_扩展元素名称。

3）时期类型（period type）。如果元素用于表达存量概念，时期类型应设为"instant"（时点）；如用于表达流量概念，时期类型应设为"duration"（期间）。

4）数据类型。对于大多数企业来说，扩展时最常使用的数据类型是货币类型（monetary item type）和字符串类型（string item type）。存货跌价准备的计提方法，为字符串类型，此外，还有百分比类型，如法定盈余公积的计提比例；日期类型，如应付债券到期日。

编制财务报告实例文档时，通用分类标准中的大部分元素都可被赋予事实值，称之为"实元素"；另一部分元素没有事实值，其作用是组织实元素间的关系，称之为"虚元素"。虚元素包括抽象（abstract）元素、域成员（member）元素、轴（axis）元素和表（table）元素。例如，存货增减变动为抽象元素，存货为域成员元素，房地产行业存货类别为轴元素。

链接库是用来定义元素间关系的文件。通用分类标准使用了6种链接库：列报链接库（presentation linkbase）、定义链接库（definition linkbase）、计算链接库（calculation linkbase）、标签链接库（label linkbase）、参考链接库（reference linkbase）和公式链接库（formula linkbase）。列报链接库用来定义元素与元素在列报上的层级关系和顺序关系。定义链接库用来表示元素间的定义层关系，如一般与特殊的关系，原名与别名的关系等。计算链接库描述了元素间的简单数值计算关系。标签链接库用来表示元素及其显示名称间的对应关系，以将元素与人们更容易阅读和理解的名称联系起来。通用分类标准同时使用中文、英文定义元素标签。同一个元素可能有多个不同标签，在同一种语言下每个标签都有唯一的标签角色。参考链接库用来说明元素与其参考文件之间的对应关系。

4.2.4　XBRL实践——公众角度

站在社会公众视角而言，上交所、深交所均曾推出XBRL专栏。深交所曾经在2009年推出"XBRL上市公司信息服务平台"，笔者曾经进入该网站有过美好的体验。上交所至今仍设有XBRL专栏，进入上交所网站，鼠标移至"披露"工具栏呈手型时，即可看到"上市公司信息"栏目下赫然有"XBRL实例文档"的字样，点击进入如图4-3所示。

上交所XBRL专栏可供查阅年报、半年报和季报。点击进入某上市公司即可"按需"获得信息，网站提供了XBRL格式的报告，包括基本信息、股本结构、前10大股东、资产负债表、利润表、现金流量表等，而且同时提供近五年的信息，有助于信息使用者进行纵向比较。同时网页下方提示系统展示的数据来自上市公司提交的XBRL格式报告，以PDF报告为准，网页右上角同时提供报告的PDF版本，此外，便于同行

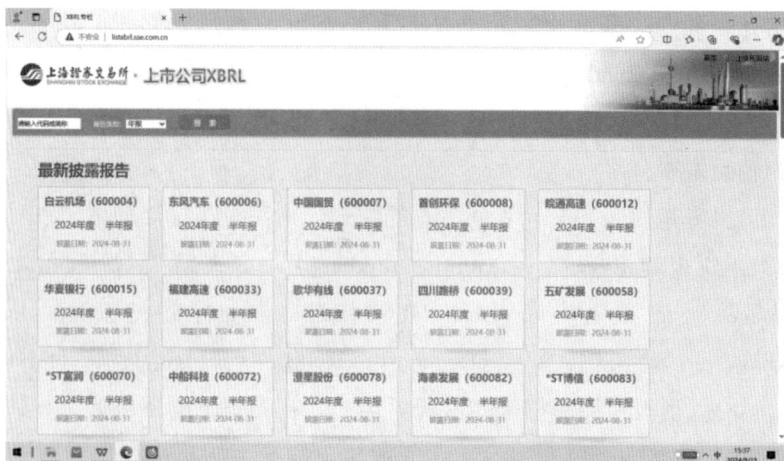

图4-3　上交所XBRL专栏页面图示

业公司比较，上海证券交易所XBRL专栏可以同时提供5家公司的比较信息（如图4-4所示），信息使用者可以点击相应的维度，对公司基本信息、股本结构、前10大股东、三张主表的财务报表信息进行横向比较。可以说，结构化的信息有助于信息使用者进行比较、分析。

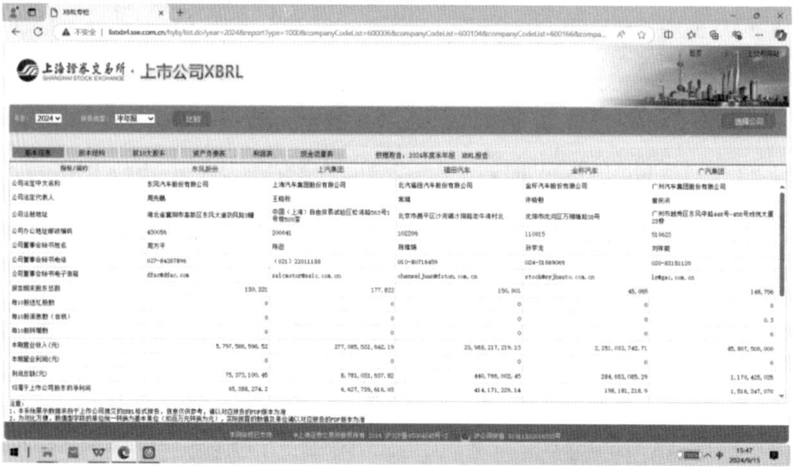

图4-4　上交所XBRL专栏——同行业比较

【小案例】　　　　　　　　上交所与XBRL

XBRL是XML于财务报告信息交换中的一种应用，是目前应用于非结构化信息处理，尤其是财务信息处理的有效技术。XBRL在证券行业中的应用，能够推动上市公司的信息共享和互动操作，进一步推动我国上市公司信息披露和证券信息服务业的规范有序发展。随着中国证券市场规模扩大和金融领域对外开放深入，国内外投资者对上市公司财务状况和经营情况的关注程度与日俱增，XBRL的广泛应用将不断满足各类机构和个人对上市公司越来越高的信息披露要求，并将显示出愈来愈大的经济价值和社会效用。

XBRL自1998年诞生起，在国际上已经获得了迅速发展。目前，国际上诸多交易所、会计师事务所和金融服务与信息供应商等机构已尝试采用该项标准和技术，如东京交易所的TD net系统采用了XBRL技术报送财务数据，澳大利亚证券交易所也在探索使用XBRL，德国德意志银行将XBRL用于处理贷款信息并使其信用分析过程更加流畅。研究表明，XBRL技术增加了公司财务报告披露的透明度。倡导XBRL国际化的XBRL国际指导委员会也于1999年8月成立，该委员会由美国注册会计师协会与EDGAR在线、微软、普华永道等12家公司共同组建，目前世界各国已经有250多个机构加入了该组织。

上交所对XBRL技术一直非常关注，进行了广泛深入的研究。在证监会的支持和指导下，上交所积极参与相关标准制定，并首先成功将XBRL应用到上市公司定期报告摘要报送系统中，在国内交易所率先实现了XBRL的实际应用，并得到XBRL领域国际专家的充分认可。随后，上交所成功实现了全部上市公司定期公告的全文XBRL信息披露，并探索部分临时公告的信息披露应用。同时，上交所还制定了公募基金信息披露XBRL分类标准，并配合证监会在全行业推广应用。上交所制定的上市公司分类标准、金融类上市公司分类标准、基金分类标准于2010年4月通过国际组织最高级别的"Approved"认证，为我国资本市场XBRL信息披露赢得了荣誉。目前，XBRL已成为上交所上市公司信息披露监管的有力工具。

XBRL技术在资本市场信息披露中的应用，使上市公司、监管机构、交易所、会计师事务所、投资者、研究机构、证券信息服务商等信息加工者与使用者能够以更低的成本、更高的效率实现信息交换和共享，有效提高了信息披露透明度和监管水平，促进了资本市场的健康有序发展。

（资料来源：上海证券交易所．上交所与XBRL［EB/OL］．［2024-11-11］. http://www.sse.com.cn/services/information/xbrl/ssexbrl/）

4.2.5　XBRL发展的困境——批判性视角

理论上而言，XBRL从其诞生的那天起就天然具有很多优势，为数出一门描绘了美好的蓝图。但是有报道称，XBRL在我国实施后，企业的合规成本有一定幅度的上升。李立成（2022）对广西试点企业进行调查发现，XBRL的应用效果并不理想，存在满意度不佳、管理水平提升有限、应用效益不佳、难以提升员工水平、缺乏进一步深化应用战略等问题。究其原因，主要是对XBRL的认知度低、审计监督不足、XBRL软件实用性较差、正向反馈不足等。

XBRL在实践中虽然出现了一定的困境，但是其实施对于提高会计信息质量还是起到了正向作用。李青原（2019）基于2005—2016年我国非金融上市公司财务数据，研究XBRL强制实施对会计信息可比性的影响，结果发现XBRL的实施提高了我国上市公司会计信息的可比性。证监会强制要求上市公司报送XBRL格式财务报告对我国会计信息化改革起到了推动作用，对改进上市公司的会计信息质量具有重要价值。

XBRL的实施是一个长期博弈的过程，政府、企业、监管机构、软件开发商都将参与其中。潘定等（2018）发现XBRL技术的成本效益、政府的监管力度、惩罚力度和补贴系数是影响双方博弈系统的关键因素，认为可通过降低技术成本、提高惩罚力度和监管力度、增加对企业的补贴力度，提高企业采纳XBRL的积极性。

2019可扩展商业报告语言（XBRL）国际会议在上海召开，会议主题为"增强数据价值·商业报告的未来（Data Amplified·the Future of Business Reporting）"，各国学者、实务界人士共同探讨XBRL商业报告标准在大数据、人工智能的时代背景下如何更好地发挥作用，助力会计信息化的发展。中国证监会信息中心主任张野在会上表示，XBRL的应用推进了信息披露标准化，未来中国XBRL标准主要有三个努力方向：监管报送、咨询服务智能化和定向披露。XBRL与AI技术之间可以融合与促进，未来金融文档的一致性校验和知识图谱的构建都离不开两者的结合使用。

长远来看，XBRL凭借其技术优势，在人工智能、大数据、区块链等新技术背景下，共同发力，促进企业信息披露在方式上和效率上都有巨大的跨越。

4.3 区块链时代下的财务报告

人类发展历史上，我们已经经历了以蒸汽机为代表的第一次工业革命、以电力为代表的第二次工业革命、以互联网为代表的第三次工业革命，而区块链被喻为继蒸汽机、电力和互联网之后的第四次工业革命。区块链虽然刚刚起步，但是将引发巨大的社会变革。

上海国家会计学院发起的"2019年影响会计人员的十大信息技术"调查中，这10项技术和支持率分别是：财务云（72.1%）；电子发票（69.5%）；移动支付（50.7%）；数据挖掘（46.9%）；数字签名（44.5%）；电子档案（43.1%）；在线审计（41.4%）；区块链发票（41.1%）；移动互联网（39.6%）；财务专家系统（37.7%）。

2020年的该项调查的结果显示十大技术的支持率分别为：财务云（73.14%）、电子发票（66.33%）、会计大数据技术（62.44%）、电子档案（50.56%）、RPA（机器人流程自动化）（48.41%）、新一代ERP（47.91%）、区块链技术（45.73%）、移动支付（43%）、数据挖掘（42.77%）、在线审计（42.74%）。

十大信息技术的评选结果每年都在动态变化。2021年区块链电子发票的支持率为27.29%。2022年区块链电子发票的综合得票率为27.4%，分布式记账与区块链审计在198位专家投票结果中排名第五，支持率为35.86%。2023年数电发票（包括电子发票/区块链电子发票）高居榜首，综合得票率为49.8%。

区块链作为十大最具影响力的信息技术之一，逐渐走进大众的视野，对于会计职业的发展将产生较大的影响。

2018年8月10日，深圳国贸旋转餐厅开出了全国第一张区块链电子发票。

到底什么是区块链？区块链与人们常说的比特币之间有什么关系？以下将从区块链的起源开始介绍。

4.3.1 区块链简介

1）区块链的起源

谈到区块链，不得不提的就是中本聪（Nakamoto），然而是否确有其人、其人是谁，至今无法确定。2008 年 10 月 31 日中本聪发布了白皮书《比特币：一种点对点的电子现金系统》（Bitcoin：A peer-to-peer electronic cash sysytem）。在这个点对点的支付系统中，没有第三方的参与，很显然这种支付模式有别于我们传统的依赖于金融机构的支付模式，所以这是一种去中心化的模式。2019 年 1 月 3 日，他在赫尔辛基的一个小型服务器上创建、编译、打包了第一份开源代码，创建了世界上第一个区块（block#0）。中本聪挖出了创世块，系统奖励了他 50 个比特币。每一个区块上都会标识时间戳（timestamp），比如创世块的时间戳是 2009-01-03 18：15：05，表明这个区块是在这个时间创建的。区块的唯一标识是哈希值（hash），也就是一串随机数，每一区块上都会显示上一区块的哈希值。块与块之间相连，就成为一个"链"的概念，称为区块链（blockchain）。

从上述区块链的由来可以看出，比特币只是一种数字货币，2009 年 1 月 12 日中本聪向密码学家哈尔·芬妮转了 10 个比特币，成为世界上第一笔摆脱第三方金融机构而完成的点对点交易。在区块上我们只能看到两个地址，即发出地址和接收地址，并不能看到其名称，因此是匿名的。中本聪深谙密码学，所以区块链中使用了加密技术，通过公钥（public key）和私钥（private key）的结合，来保证交易的安全。中本聪设计通过工作量证明机制（proof of work，POW），每 10 分钟生成一个新的区块。

由此可见，区块链不是一种单一的技术，其精妙之处在于综合运用了点对点网络通信、密码学以及工作量证明机制，是数学、密码学与计算机技术的结合。

比特币是区块链技术 1.0 的代表。维塔利克·布特林（Vitalik Buterin）将区块链技术应用到商业领域，发起了以太坊项目。通过引入智能合约（smart contract），搭建了一个方便开发者按需搭建去中心化应用的公链，称为以太坊（Ethereum）。所谓智能合约，是指将交易条件预先写在合约中，当条件满足时，合约自动执行，可以说，区块链2.0是数字货币与智能合约的结合。超越货币、金融范围，将区块链技术广泛应用，为众多行业提供去中心化的解决方案，标志着区块链3.0时代的开启。

2）区块链的特征

通过以上对区块链的缘起和发展历程的追溯，可以看出区块链具有如下特征：

（1）去中心化（decentralized）。现代金融的发展是伴随着金融机构的兴起和金融产品的不断创新而进行的，但是现行金融体系下的支付是以金融机构为中介的，是一种中心化的模式，存在信息被泄露、数据被篡改等风险。而中本聪提出的点对点支付体系是一种去中心化的设计。

（2）分布式记账（distributed ledger）。区块链可以理解为一个分布式的数据库。基于去中心化的特征和工作量证明机制，全网算力最强的将最先生成有效的哈希值，并在全网广播，区块链中的所有节点就按照这种方式来记账，所以记账不是在一个中心化的机构记账，而是在全网的计算机上记账，因此是分布式记账。

（3）不可篡改。根据前述内容，每个区块上存储的信息中都包括一个时间戳，前后区块通过哈希值加以识别并相连，因此已生成的区块中的信息是不能被修改的。要想修改其中某一个区块，必须重新修改之后的所有区块，根据工作量证明机制，只有超过全网51%的算力才能重新生成所有区块加以修改数据，但这是不可能实现的。因此，形成了区块链上的信息不可篡改的特征。

（4）信任机制。2015年《经济学人》杂志封面将区块链称为信任的机器。传统的中心化结构容易产生信任问题，2008年中本聪提出点对点的支付系统，某种程度上而言与次贷危机以及其引起的信任危机不无关系。基于区块链的去中心化特征，摆脱第三方中介，并根据共识机制（即工作量证明机制）以及加密算法、公钥私钥的应用，交易信息是公开的，全网任何一个节点都可见，但是交易主体的信息高度保密，创设了高度的信任机制，有效解决了信任问题。

4.3.2　区块链在我国的应用及发展

2016 年国务院发布《国务院关于印发"十三五"国家信息化规划的通知》，提出要强化区块链等战略性前沿技术超前布局，这是区块链首次作为战略性前沿技术被列入规划。2018 年 5 月 28 日，习近平总书记在中国科学院第十九次院士大会、中国工程院第十四次院士大会开幕会上发表了重要讲话，指出以人工智能、量子信息、移动通信、物联网、区块链为代表的新一代信息技术加速突破应用。工信部信息中心 2018 年发布《2018 中国区块链产业白皮书》，指出区块链正在成为全球技术发展的前沿阵地，如美国正在不断完善与区块链技术相关的公告政策，欧盟正在努力把欧洲打造成全球发展和投资区块链技术的领先地区。区块链由于其重要性，已被上升为国家战略层面。2018 年人民日报出版社出版《区块链——领导干部读本》，受到好评，次年推出修订本。2019 年 10 月 24 日，中共中央政治局就区块链技术发展现状和趋势进行第十八次集体学习，强调要把区块链作为核心技术自主创新重要突破口，加快推动区块链技术和产业创新发展。

作为一种硬核技术，区块链目前应用最集中的领域是金融。从区块链技术的应用范围来看，目前区块链技术已从数字资产向票据管理、产品溯源、存证取证、版权保护、数据共享、智能制造等诸多领域延伸扩展。区块链技术未来在我国政务、金融、民生等相关领域具有广阔应用前景，例如通过区块链技术可以实现政务数据的分布式共享，改变过去政出多门的情形，再如供应链上的龙头企业可以通过区块链将自己的信用传导至小微企业，进而部分解决融资难、融资贵的问题。

2018 年 8 月 10 日，全国首张区块链电子发票在深圳实现落地，其底层技术由腾讯提供。在深圳国贸旋转餐厅，一张面值 198 元的餐饮发票被开出，发票密码区由哈希值显示。区块链加密算法以密码的方式，开始悄悄走入普通人的生活。2019 年 10 月 19 日，腾讯数字转型策略会暨区块链白皮书发布会在深圳举行，会议由腾讯研究院联合腾讯云、腾讯 FIT 共同举办。在这次会议上，《2019 腾讯区块链白皮书》正式发布。白皮书整体介绍了腾讯的区块链方案，包括 TrustSQL 区块链底层平台与腾讯云 TBaaS，并详细展示了四个腾讯的区块链最佳实践，包括区块链电子发票、微企链、至信链和区块链银行汇票。

4.3.3　区块链技术对财务领域的影响

区块链在很多领域已经加速落地应用，区块链与物联网相结合，将在溯源上发挥无可比拟的优势，真正做到来龙去脉清晰明了。区块链在财务领域如何应用？四大会计师事务所均已开始相应的研发，例如2015 年四大会计师事务所之一德勤推出了"一站式区块链软件平台"——Rubix 平台，Rubix 平台的一个重要应用项目是 Deloitte's Perma Rec，这是一个全球性分布式账本，与 SAP 和 Oracle 等各种财务报告系统进行链接，会计师事务所审计人员可实时访问相关数据，进行全覆盖的审计工作与自动化的纳税申报。Rubix 平台中，企业会计记账方法是基于区块链技术的三方记账模式（敬志勇，2020）。

Jun Dai、Miklos A.Vasarhelyi（2017）做了开创性研究，对 ERP 和区块链进行了比较，指出 ERP 是中心化的，而区块链是去中心化的、分布式的，ERP 目前尚没有智能合约，区块链却易于创建智能合约，ERP 是劳动力集中型（human labor-intensive）的，区块链则不是。此外，他们在前人研究的基础上提出了一个融合 ERP、区块链账本、区块链账户的三式会计信息系统（triple-entry accounting information system）。三式指的是在原有交易双方簿记的基础上增加区块链记账。其中，区块链账本（blockchain ledger）中涉及会计通证（accounting token，表示各个账户之间的结转）和义务通证（obligation token，表示权利义务关系的转移）；区块链账户则是将账户按照层级关系形成的一种架构。

从外文文献来看，人们开始关注区块链对会计、审计的影响，但更侧重于对技术与治理层面的研究。如 Kean Wu（2019）认为，区块链为记录、处理和存储经济交易和信息提供了一种全新的方式，具有从根本上改变会计职业和重塑商业生态的潜力，提出两种区块链类型：无权限的区块链（permissionless blockchain）和有权限的区块链（permissioned blockchain）。Sean、John（2020）建议公司应重新评估和考虑关于在私有链上存储、处理和保护财务报告信息的政策和流程，提出对于会计循环中应用了区块链的公司而言，外部审计师将重心从实质性测试转移到风险评估等程序上来，并提出审计委员会应考虑在去中心化和分布式的背景下如何管理信息，并考虑与区块链有关的内部控制以及数据保护。

国内学者近年来也逐渐开始针对区块链对会计、审计所产生的影响进行研究。区块链技术的应用使得交易信息记录的交互模式由中心化发展至分布式阶段。这一新技术在推动交易记录与审计效率的大幅提升、解决现有的复式记账法可信度问题的同时，也对现有审计行业造成了冲击（高廷帆，2019）。谢晓晨（2019）提出，区块链技术或将发展复式记账法。袁广达（2019）认为，在会计核算领域，分布式核算和储存技术可提升会计信息的准确性，密码学算法、非对称加密和授权技术可实现会计信息的可信任性，智能合约技术可实现区域间会计信息的共享；在财务管理领域，可建立基于区块链技术的企业财务共享平台，实现企业的财务管理精细化；在审计监督领域，区块链技术可降低审计信息的不对称性，避免审计工作中的舞弊行为，降低审计成本，提升审计工作效率。吴勇（2019）针对区块链技术对审计模式变革的影响进行了研究，认为基于区块链技术的新型审计模式，审计的重点将从记录跟踪和验证转变为更复杂的分析（如系统评价、风险评估、预测审计和欺诈检测等），审计人员的数据准确性验证的角色功能会减少，但对审计人员的判断、监督和洞察力等方面的要求会显著提高。程平（2020）对国内外区块链技术发展与大会计应用动态进行了分析，构建了基于区块链技术的费用报销大会计基础框架模型。乔鹏程（2020）以浙商银行的分布式账本应收账款平台应用为例，介绍了区块链技术下企业财务管理的变革。

不可否认的是，区块链技术应用于财务领域，将有助于节约交易成本、减少道德风险、促进数据共享。

4.3.4　区块链技术下的财务报告变革

区块链技术完全应用后，财务数据的提供方式将会发生重大变化，为我们描绘了一幅美丽的蓝图，主要体现在以下几个方面：

首先，从定期提供转变为实时提供，极大提高了会计信息的及时性。区块链技术应用到财务领域后，所有业务信息都上链，将会计准则程序化处理后，编写智能合约并上链，电子票据上的有效信息被自动识别和抓取，业务信息按照智能合约进行账务处理，所有标准化的处理被机器执行，业务流与信息流同步，大大缩短了会计循环的周期，会计信息实时提供将成为现实。

其次，从通用财务报告到个性化财务报告，实现会计信息的按需定制。传统的财务报告生成方式只能提供通用目的的财务报告，但事实上信息使用者的信息需求是不同的，个性化信息需求无法被满足。但是在区块链技术应用后，链上的主体都拥有公钥和私钥，信息被加密处理后可以实现"点对点"提供，个性化的信息需求可以被满足。

最后，也是最重要的一点，会计信息的可靠性将得以保证。区块链最大的特征在于不可篡改。信息一旦生成后就不可修改，造假成本变得极其高昂也无法实现。每家企业内部都组建了私有链，并与市场监管、税务、银行、上下游企业共同串联起来形成联盟链，所有主体进入链上，信息相互印证，无法篡改，保证了会计信息的真实、可靠。

5 实务篇

伴随着资本市场的发展和商业模式的不断变革，会计准则需要作出相应的回应。从世界范围内来看，我国会计准则与国际会计准则持续趋同，美国通用会计原则也在持续改进。本篇以中国企业为对象，基于企业遵循的会计准则体系的不同视角从实务角度对准则变革加以印证和分析，并在实例中体现准则的差异。

5.1 境内上市公司遵循CAS

准则篇中我们对近年来准则变革做了详尽的介绍，从新准则实施的时间表来看，新准则的实施效应已经在上市公司得以体现，本专题以境内上市公司为对象，以租赁准则和收入准则为例，通过典型实例分析新准则的实施情况。

5.1.1 以租赁准则为例的分析

新租赁准则最主要的变化在于：对于承租人而言，不再区分租赁业务的种类。对于出租人而言，除对其披露方面有所改动外，变化不大。此外，新租赁准则明确规定，对于租赁期不大于12个月和低价值资产的租赁，承租人可以对其进行简易处理。

1）承租人的会计处理

新旧租赁准则下，承租人会计处理的对比见表5-1。

表5-1   租赁准则的新旧对比

项　目	原租赁准则	新租赁准则
租赁期开始日	资产、长期应付款	使用权资产、租赁负债
租赁资产	租赁期开始日公允价值与最低租赁付款额现值	租赁负债初始金额+直接费用-已享受租赁激励+修复成本
租赁负债	最低租赁付款额	租赁付款额现值
折现率	租赁内含利率或合同规定的利率或同期银行贷款利率	租赁内含利率或承租人增量借款利率
租金费用	不能分摊	不能直接分摊

（1）初始计量。租赁业务开始时，使用权资产由初始计量的租赁负债金额、租赁付款额（需扣除已享受的租赁激励）、初始直接费用、修复成本组成。租赁负债按租赁期开始日租赁付款额的现值确认。

（2）后续计量。在租赁期内，使用权资产后续按成本模式计量，需要计提折旧、判断是否发生减值。租赁负债按固定周期性利率计算利息费用。

（3）列报。资产负债表中列示使用权资产和租赁负债。利润表中，列示利息费用（列示在财务费用项目）和折旧费用。现金流量表中，在筹资活动现金流出中列示偿还租赁负债的本金和利息所支付的现金；在经营活动现金流出中列示简化处理的租赁付款额、低价值租赁付款额等。

（4）披露。披露的主要内容有：使用权资产的全部信息；与租赁负债相关的信息等其他租赁信息。

2）新租赁准则实施对航空业的影响

新租赁准则的实施对很多行业产生了影响，其中航空业、零售业属于受影响较大的行业，以下首先以航空业为对象进行分析。

（1）航空业总体情况

随着全球化经济活动的加强，人们对跨区域经济和社会活动的需求越来越频繁，航空运输的作用逐渐突显出来。目前，我国共有运输航空公司66家，虽然我国经济增速放缓，但是航空业依然处于成长期，市场需求依然很大。

大型航空公司在市场中占据主导地位，如中国国航、东方航空、南方航空等。一些低成本航空公司也在快速发展，在市场中占有一定的份额。春秋航空股份有限公司（以下简称"春秋航空"），是我国首个低成本专线民营航空公司，2015年在上海证券交易所（股票代码：601021）成功上市。华夏航空股份有限公司（以下简称"华夏航空"），是一家长期专注于支线业务的民营航空公司，2018年在深圳证券交易所（股票代码：002928）成功上市。上海吉祥航空股份有限公司（以下简称"吉祥航空"），是一家新兴的民营航空公司，2015年在上海证券交易所（股票代码：603885）成功上市。

以下将上述两类航空公司加以对比，分析新租赁准则产生的影响。由于新租赁准则于2019年开始实施，因此相关数据均采用2018年底的数据。表5-2为六家分析对象的具体信息。

表5-2　　　　　　　　六家航空公司具体情况表

公司	成立时间	机队情况	总部	性质	飞机数量
中国国航	1988年	七种以上	北京	国有控股	664架
南方航空	1995年	七种以上	广州	国有控股	840架
东方航空	1988年	六种以上	上海	国有控股	680架
吉祥航空	2005年	三种系列	上海	民营企业	90架
华夏航空	2006年	两种系列	重庆	民营企业	44架
春秋航空	2004年	一种系列	上海	民营企业	81架

（资料来源：六家航空公司2018年年报）

从表5-2可知，2018年三大国有航空公司与三大民营航空公司的飞机数量相差较大，前者的飞机数量都在600架以上，而后者的却均不及百位数，即使拥有飞机数量最多的公司吉祥航空也仅仅拥有90架。此外，机队的类型也有较大差别，三大国有航空公司的机型种类较多，规模较大，然而三大民营航空公司的情况正好相反。

（2）航空业租赁情况

随着民航运输业的迅猛发展，航空租赁顺势而生。各航空公司会根据自身公司的财务状况和经营需求等因素来决定飞机的获取方式，IASB调查显示，全球有超过60%的航空运输业所运营的飞机资产是通过租赁方式获取的，其中经营租赁约占40%。在我国，国有控股航空公司的经营租赁比率超过30%；而在民营航空公司中，该比率更大，以2018年为例，六家企业飞机资产的获取情况见表5-3。

表5-3　　　　2018年六家航空公司飞机资产获取方式占比表　　　数量单位：架

公司	融资租赁		经营租赁		自行购置		机队总数
	数量	占比	数量	占比	数量	占比	
中国国航	188	28%	200	30%	276	42%	664
南方航空	232	28%	326	39%	282	33%	840
东方航空	260	38%	190	28%	230	34%	680
合计	680	31%	716	33%	788	36%	2 184
吉祥航空	8	9%	60	67%	22	24%	90
华夏航空	19	43%	22	50%	3	7%	44
春秋航空	1	1.2%	40	49.4%	40	49.4%	81
合计	28	13%	122	57%	65	30%	215

（资料来源：六家航空公司2018年年报）

从表5-3我们可以看出，截至2018年底，三大国有航空公司的机队资产获取方式总体情况中，数量最少的为融资租赁，其次是经营租赁，数量最多的则为自行购置。虽然三大国有航空公司的机队资产取得方式占比都不一样，但是数值相差不大，然而在三大民营航空公司中差别却较大，吉祥航空、华夏航空、春秋航空采用融资租赁方式扩充机队规模的数量分别仅为8架、19架和1架，占比差异很大。而经营租赁方式的占比基本都在50%以上，均超过三大国有航空公司经营租赁占比。显然，三大民营航空公司比国有航空公司更倾向于通过经营租赁获取机队资产。

（3）新租赁准则变化对航空业的影响

① 对资产、负债的影响

三大国有航空公司均于2019年执行新租赁准则。执行新租赁准则，会导致资产增加，负债也增加。

三大民营航空公司均于2021年开始实施新租赁准则，同样得出上述结论。由于执行新租赁准则，资产增加、负债增加、所有者权益减少。以华夏航空为例，2020年12月31日资产总额为11 508百万元，2021年年初数调整为14 998百万元，相比增加3 490百万元。

② 对损益的影响

实施新租赁准则，对损益的影响主要体现在使用权资产的折旧费用、减值损失（如有）以及租赁负债的利息支出。

就使用权资产的折旧而言，中国国航2019年对使用权资产（飞机及发动机）计提折旧10 912百万元，东方航空2019年对使用权资产（飞机及发动机）计提折旧11 964百万元，南方航空2019年对使用权资产计提折旧14 482百万元；春秋航空2021年对使用权资产（飞机及发动机）计提折旧1 028百万元，华夏航空2021年对使用权资产（飞机及发动机）计提折旧765百万元，吉祥航空2021年对使用权资产（飞机及发动机）计提折旧1 545百万元。

就租赁负债的利息支出而言，新租赁准则的实施导致各大航空公司利息费用大幅上涨。例如，南方航空2019年财务费用为7 460百万元，其中租赁负债利息支出为5 284百万元。可见，租赁负债的利息费用在航空公司财务费用中占有较大比重。

③对财务绩效的影响

就偿债能力而言。经过上述分析可以看出，六家公司在实施新租赁准则后需要对年初数进行调整，资产总额增加，负债总额增加得更多，因此资产负债率不同程度地上升，新租赁准则的实施使企业的偿债能力下降。

就盈利能力而言。由于产生租赁负债的利息支出，因此财务费用增加、利润减少，进而导致盈利能力降低。

就营运能力而言，由于资产规模增加，导致资产效率一定程度上下降。

3）新租赁准则对零售业的影响

零售业的经营形式多种多样，其中最主要的有超市、百货等，因此零售业的实体店对于进行经营活动的场所需求极大，而获取用于营业的场地一般有两个途径，分别为自建或者租赁。但由于自建经营场所花费的金额较大，时间较长，所以企业一般都会选择通过租赁方式来获取营业场地。以下以百联股份为对象进行分析。

（1）百联股份及其租赁情况

上海百联集团股份有限公司（以下简称"百联股份"）于1992年4月成立，并于1993年2月初在上海证券交易所上市。2003年末，其与华联商厦进行了合并，规模持续扩大，在我国商业连锁集团中位列第一。其业务经营范围主要为百货类，其中包括生活日用品、针织品、服装、五金等各种各样的零售用品，且公司拥有多个大型商场及百货公司。百联股份与社会各个领域的合作与联络都极其广泛并密切，以上海为中心，不断开拓全国市场，在国内具有一定的知名度。百联股份2018—2020年门店数量见表5-4。

表5-4　　　　　百联股份2018年至2020年租赁门店数量　　　　单位：个

类别	2018年	2019年	2020年
超级市场	602	665	708
大型综合超市	134	133	132
便利店	757	662	339

（资料来源：百联股份2018—2020年年报）

（2）实施新租赁准则对资产负债表的影响

百联股份于2019年初正式实施新租赁准则，其中增加了使用权资产以及租赁负债两个会计科目，金额分别为663百万元以及677百万元。2018年年初数相应调整，2018年12月31日调整前和2019年1月1日调整后的数据分别见表5-5。

表5-5 　　　　　资产负债表项目受新租赁准则影响金额 　　　　单位：百万元

项目	2018-12-31	2019-01-01	调整金额
使用权资产		7 079	7 079
总资产合计	45 437	52 660	7 223
租赁负债		7 351	7 351
总负债合计	25 588	32 831	7 243

（资料来源：百联股份2018—2019年年报）

新租赁准则的执行，使经营租赁产生的相关数据记入到资产负债表中，会让百联股份的非流动资产以及非流动负债大幅增长，使得总资产和总负债金额整体上升。对于资产来说，流动资产几乎不受新租赁准则的影响，非流动资产因使用权资产的增长而大幅的增长，因此使总资产上升。对于负债来说，流动负债几乎没有受到新租赁准则的影响，但是由于租赁负债的大幅增加，非流动负债的比重增大，导致总负债金额大幅增加。

（3）实施新租赁准则对利润表的影响

实施新租赁准则后，从表5-6中可知，财务费用的增长变化是较为明显的。从企业的年报披露中，我们可以了解到新租赁准则的实施，规定租赁负债必须按照实际利率进行摊销，且需要计提财务费用，所以其增长的幅度较为明显。旧租赁准则下，经营租赁的租赁费通过销售费用进行核算，但实行新租赁准则之后，由于两租合一规定的影响，销售费用中计入的租赁费都出现了下降，由此，利润增加了1 152百万元。但受利息支出、使用权资产折旧及其减值的影响使利润共减少了153百万元。

表5-6 　　　　　利润表项目受新租赁准则影响金额 　　　　单位：百万元

报表项目	科目	金额
销售费用/管理费用	使用权资产折旧	1 010
资产减值损失	使用权资产减值准备	122
财务费用	利息支出	173
销售费用/管理费用	租赁费用	-1 152

（资料来源：百联股份2019年年报）

（4）实施新租赁准则对现金流量表的影响

实施新租赁准则后，百联股份的现金流量表情况见表5-7。偿还租赁本金和利息支出的现金所计入的范围不一样了。在原租赁准则下，所支出的金额被计入与经营活动有关的现金流出项目中，而在新租赁准则下被计入筹资活动现金流出项目中，所以使得与经营活动有关的现金流出量变少。之前应该计入支付与其他经营活动有关的现金项目中被计入偿还债务支付的现金项目中，使得筹资活动产生的现金净流量减少825百万元，经营活动产生的现金净流量增加了825百万元，但是现金流量总额没有发生变动。

表5-7　　　　　　现金流量表项目受新租赁准则影响金额　　　　单位：百万元

报表项目	影响金额
经营活动产生的现金流量净额	+825
筹资活动产生的现金流量净额	−825

（资料来源：百联股份2018—2019年年报）

5.1.2　以收入准则为例的分析

1）新松机器人执行新收入准则案例分析

新松机器人自动化股份有限公司成立于2000年，隶属于中国科学院，是一家以机器人技术为核心的高科技上市公司（证券简称：机器人，股票代码：300024）。

作为国家机器人产业化基地，该公司拥有完整的机器人产品线及工业4.0整体解决方案。本部位于沈阳，在上海设有国际总部，在沈阳、上海、杭州、青岛、天津、无锡、潍坊建有产业园区，在济南设有山东新松工业软件研究院股份有限公司。同时，该公司积极布局国际市场，在韩国、新加坡、泰国、德国、中国香港等地设立多家控股子公司及海外区域中心，现拥有4 000余人的研发创新团队，形成了以自主核心技术、核心零部件、核心产品及行业系统解决方案为一体的全产业价值链。

公司成功研制了具有自主知识产权的工业机器人、协作机器人、移动机器人、特种机器人、医疗服务机器人五大系列百余种产品，面向智能工厂、智能装备、智能物流、半导体装备、智能交通，形成十大产业方向，致力于打造数字化物联新模式。产品累计出口40多个国家和地区，为全球3 000余家国际企业提供产业升级服务。

公司紧抓全球新一轮科技革命和产业变革契机，发挥人工智能技术的赋能效应，以工业互联网、大数据、云计算、5G网络等新一代科技推动机器人产业平台化发展，打造集创新链、产业链、金融链、人才链于一体的生态体系。

公司不断推进科研成果深度应用，为新型基础设施建设、国家重大工程建设提供内生动力，为产业协同创新、造福民生福祉赋予澎湃动能。聚焦核心技术，共享智能时代。

（1）公司2020年业绩预告及修正情况

2021年1月29日，公司发布2020年业绩预告，声称归属于上市公司股东的净利润预计为盈利12 888.66万~18 747.14万元。而上年同期盈利29 292.41万元。业绩预告中对变动原因作出如下解释：根据市场环境和下游行业客户需求变化调整营销策略，加大力度拓展新兴市场，报告期内公司新签订单较去年同期增长24.8%，但受国内疫情的影响，上半年公司及上下游企业复工复产延期，下半年疫情在东北区域出现反复，导致公司已签项目现场安装调试工作无法正常推进，对应收入延后，由于固定成本不变，收入下降导致毛利率下降，利润下降。

2021年3月31日，公司在巨潮资讯网披露了《2020年度业绩预告修正公告》，预计亏损36 674.86万~42 533.34万元。公司2020年度归属上市公司股东的净利润下降幅度较大的主要原因如下：公司2020年实施新收入准则变更收入确认方式；产业应用研发项目的研发支出在本期费用化；专项减值损失的计提。其中，针对收入确认方式的改变，修正公告中指出2020年度公司开始执行新收入准则，因财务人员对准则理解不准确，将定制化项目按照履约期间确认收入。随着年审工作的深入开展，经逐项识别合同订单条款，前述定制化项目不完全符合新收入准则项下按照履约期间确认收入的条件，履约过程仅收取节点进度款，无法实现"整个合同期间内有权就累计至今已完成的履约部分收取款项"，因此应当按照履约时点确认收入。公司结合实际情况及合同条款，将最终验收或完成作为履约义务完成的时点。

公司于 2021 年 4 月 1 日收到深圳证券交易所创业板公司管理部《关于对沈阳新松机器人自动化股份有限公司的关注函》（创业板关注函〔2021〕第 162 号），之后对关注函所列问题进行了逐项核查，并由容诚会计师事务所（特殊普通合伙）出具了专项检查意见。4 月 9 日发布了《沈阳新松机器人自动化股份有限公司关于对深圳证券交易所关注函回复的公告》，对关注函中所列问题进行了逐项回复。其中与收入确认相关的问题如下：2020 年度公司按照新收入准则将定制化项目从按照履约期间确认收入变更为按照履约时点确认收入。

该公司 2020 年年度报告列示，2020 年实现营业收入 265 963.61 万元，比上年同期下降 3.13%；归属上市公司股东的净利润为 -39 573.64万元，比上年同期下降 235.10%。

（2）新收入准则执行情况

该公司于 2020 年 1 月 1 日执行新收入准则，对会计政策的相关内容进行调整。公司定制化项目原根据建造合同准则按照完工百分比法确认收入，新准则实施后，经逐项甄别合同条款，公司认为定制化项目不符合新收入准则中在某一时段内履行履约义务的确认条件，因此按照履约时点确认收入。

公司主要以系统集成业务为主，该业务模式下均为定制化项目，根据客户的需求进行定制化的设计、生产，并至客户现场进行安装、调试、验收等工作，设计周期通常为 1—2 个月，生产制造及安装调试周期为 6—8 个月，验收周期 3 个月以上。合同收款条件通常为启动阶段收取 30% 款项，交付阶段收取 30% 款项，验收阶段收取 30% 款项，质保期满收取 10% 款项，公司按节点收取进度款，视同一定程度就某一时点累计完成的履约义务部分收取款项。

随着年度财务结算工作的开展，以及与年审会计师充分沟通，逐项甄别合同条款，在定制化项目的履约过程中，公司收取的进度款按前述合同收款条款，如项目交付节点累计收取 60% 的款项，但实际到达该节点时公司的支出均超过 60%，所收回的款项不足以覆盖履约义务完成部分的支出；同时，一旦出现项目终止的情况，就公司已经发生超过回款部分的支出给予补偿的可能性较小，因而公司合同条款不足以支撑新收入准则对于履约期间确认收入要求中"整个合同期间内有权就累计至今已完成的履约部分收取款项",同时也不满足另外两种按照履约期间确认收入的情况,因而应当按照履约时点确认收入。

执行新收入准则后,应收账款、存货、合同资产等项目相应调整,导致归母股东权益减少。

2)国联股份的收入确认

北京国联视讯信息技术股份有限公司(证券简称:国联股份,股票代码:603613)成立于2002年9月6日,主营B2B电子商务和产业互联网平台,以工业电子商务为基础,以互联网大数据为支撑,为相关行业提供网上商品交易、产业信息服务和产业科技服务。主要业务板块包括:B2B信息服务平台——国联资源网;B2B垂直电商平台——涂多多、卫多多、玻多多等多多平台;产业科技服务——行业软件、物联网、云计算、大数据、金融科技。

2023年度国联股份合并财务报表显示营业收入为5 068 463.94万元,其中,总额法确认的营业收入为4 959 124.74万元,占比97.84%。净额法确认的营业收入为109 339.20万元。

2024年6月18日,国联股份收到上海证券交易所2023年年度报告的信息披露监管工作函件。其中要求公司结合主要交易模式、客户提货类型、交易单据的保存情况等,说明公司对收入确认采用总额法和净额法予以确认的判断依据,对总额法下相关交易商品取得控制权的判断依据,是否符合《企业会计准则》的相关规定。

公司于2024年6月25日回函,指出公司按照对下游客户的交付是否存在合同标的物理空间移动(即实物流转方式),将交易区分为存在物理空间移动(有实物流转)、不存在物理空间移动(货权转移,无实物流转)两大类模式。存在物理空间移动是指公司交付的下游客户需要进行实际货物提取,依据客户的具体提货类型划分为客户自提、供应商直发和多多物流配送三种;不存在物理空间移动是指公司交付的下游客户不需要进行实际货物提取,而是完成对于标的货物控制权(所有权)的转移。

(1)不存在物理空间移动(货权转移,无实物流转)的交易

对于货权转移的交易,在交易的过程中不存在实物流转,相关交易具

备资金流、票据流，公司当前获取或拥有的货权证据主要为签收确认单、交割单或货权转移凭证等。经过公司审慎判断，在货权交易中公司虽然暂时性地获得商品法定所有权，但获得的商品法定所有权（载体为交割单或货权转移凭证）具有瞬时性、过渡性的特征。因此，在货权转移（即无实物流的）交易中，公司很可能未真正承担存货风险，难以直接证明公司在将特定商品或服务转让给客户之前控制该商品，很可能属于代理人。因此，基于谨慎性原则，公司将货权转移类交易收入按照净额法进行确认。

（2）存在物理空间移动（有实物流转）的交易

存在物理空间移动的交易的模式分为：客户自提、供应商直发和多多物流发货。

存在物理空间移动的模式下，公司均为主要责任人，对相关原始凭证进行重新归纳整理，部分难以获得证据的，导致无法证明控制权转移，则按净额法确认收入。

公司按照主要产业链对收入金额、相关交易金额进行列示，见表5-8。

表5-8　　**按照主要产业链对收入金额、相关交易金额进行的列示**　金额单位：万元

序号	业务	产品	营业收入情况					
			营业收入金额 ①=②+③	收入占比	总额法确认收入 ②	净额法确认收入 ③=④+⑤	其中：不存在物理空间转移的净额法确认收入 ④	其中：存在物理空间转移的净额法确认收入 ⑤
1	网上商品交易	涂料化工产业链	2 357 329.90	46.71%	2 274 507.66	82 822.24	16 415.88	66 406.36
2	网上商品交易	卫生用品产业链	1 208 733.23	23.95%	1 194 668.18	14 065.05	3.32	14 061.73
3	网上商品交易	粮油产业链	740 544.22	14.67%	739 579.40	964.82	0.00	964.82
4	网上商品交易	化肥产业链	403 632.75	8.00%	403 002.89	629.86	386.69	243.17
5	网上商品交易	玻璃产业链	182 541.54	3.62%	172 605.81	9 935.73	−129.31	10 065.04
6	网上商品交易	芯片/电子元器件产业链	103 218.90	2.05%	103 218.90		0.00	0.00
7	网上商品交易	工业用纸产业链	49 796.54	0.99%	48 876.74	919.80	0.00	919.80
8	网上商品交易	其他	764.4	0.02%	762.71	1.69	1.69	0.00
合计			5 046 561.49	100.00%	4 937 222.30	109 399.19	16 678.28	92 660.92

（资料来源：①国联股份：2023年年报；②国联股份：关于收到上海证券交易所2023年年度报告的信息披露监管工作函的公告；③国联股份：关于对上海证券交易所2023年年度报告的信息披露监管工作函的回复）

5.2 在美上市公司遵循 GAAP

在美国发行存托证券 ADS，也就是通常所说的在美国上市，包括在纽约证券交易所或纳斯达克证券交易所上市。在美国上市需要向美国证券交易委员会（Securities Exchange Committee，SEC）提交定期报告和不定期报告。就美国本土企业来说，年报格式为 10-K，在美上市的境外企业，年报格式为 20-F。

新浪财经网站专设"美股"专栏，进入"中国概念股"板块，即可看到按行业分类的我国在美上市公司名录。根据新浪财经的统计，截至 2024 年 9 月 15 日，我国在美上市公司共 275 家，主要分布在信息技术、可选消费、医药、能源等行业，如阿里巴巴、搜狐、网易、携程、京东、百度、爱奇艺、唯品会、哔哩哔哩等。

以阿里巴巴为例，点击公司名称，进入公司相关信息的界面后，左侧设有"SEC Filings"工具条，即可看到 20-F 格式的年报，并且是以互动数据（interactive data）的形式呈现的。最新年报显示，按照 U.S. GAAP 编制财务报表。

阿里巴巴集团于 1999 年在中国杭州成立，2014 年 9 月在纽约证券交易所上市，股票代码为"BABA"。进入公司主页（www.alibabagroup. com）即可清晰看到公司的使命"让天下没有难做的生意"。

年报附注中明确列示了其编报基础为美国通用会计原则（U.S. GAAP）。以 2024 年财报为例，截止日为 2024 年 3 月 31 日。其列示的财务报表包括合并利润表、合并综合收益表、合并资产负债表、合并现金流量表、合并所有者权益变动表（略）及附注（略），分别见表 5-9、表 5-10、表 5-11、表 5-12。

从表 5-9 可见，美国公认会计原则下可能会出现夹层权益这一项目，而在国际财务报告准则以及我国会计准则下不会出现。根据美国公认会计原则，可赎回股权在赎回不受本公司控制的情况下分类为夹层权益，根据国际财务报告准则，可赎回股权一般分类为金融负债。

表5-9 阿里巴巴合并利润表

Consolidated Income Statements

¥ in Millions, shares in Millions, $ in Millions

Item	12 Months Ended			
	Mar. 31, 2024 CNY（¥）¥ / shares shares	Mar. 31, 2024 USD（$）$ / shares shares	Mar. 31, 2023 CNY（¥）¥ / shares shares	Mar. 31, 2022 CNY（¥）¥ / shares shares
Income Statement ［Abstract］				
Revenue	941 168	130 350	868 687	853 062
Cost of revenue	(586 323)	(81 205)	(549 695)	(539 450)
Product development expenses	(52 256)	(7 237)	(56 744)	(55 465)
Sales and marketing expenses	(115 141)	(15 947)	(103 496)	(119 799)
General and administrative expenses	(41 985)	(5 815)	(42 183)	(31 922)
Amortization and impairment of intangible assets	(21 592)	(2 990)	(13 504)	(11 647)
Impairment of goodwill	(10 521)	(1 457)	(2 714)	(25 141)
Income from operations	113 350	15 699	100 351	69 638
Interest and investment income, net	(9 964)	(1 380)	(11 071)	(15 702)
Interest expense	(7 947)	(1 101)	(5 918)	(4 909)
Other income, net	6 157	853	5 823	10 523
Income before income tax and share of results of equity method investees	101 596	14 071	89 185	59 550
Income tax expenses	(22 529)	(3 120)	(15 549)	(26 815)
Share of results of equity method investees	(7 735)	(1 072)	(8 063)	14 344
Net income	71 332	9 879	65 573	47 079

续表

Item	12 Months Ended			
	Mar. 31, 2024 CNY（¥） ¥/shares shares	Mar. 31, 2024 USD（$） $/shares shares	Mar. 31, 2023 CNY（¥） ¥/shares shares	Mar. 31, 2022 CNY（¥） ¥/shares shares
Net loss attributable to noncontrolling interests	8 677	1 202	7 210	15 170
Net income attributable to Alibaba Group Holding Limited	80 009	11 081	72 783	62 249
Accretion of mezzanine equity	（268）	（37）	（274）	（290）
Net income attributable to ordinary shareholders	79 741	11 044	72 509	61 959
Earnings per share attributable to ordinary shareholders				
Basic｜（per share）	3.95	0.55	3.46	2.87
Diluted｜（per share）	3.91	0.54	3.43	2.84
Earnings per ADS attributable to ordinary shareholders（one ADS equals eight ordinary shares）				
Basic｜（per share）	31.61	4.38	27.65	22.99
Diluted｜（per share）	31.24	4.33	27.46	22.74
Weighted average number of shares used in computing earnings per share（million shares）				
Basic	20 182	20 182	20 980	21 558
Diluted	20 359	20 359	21 114	21 787

表5-10 　　　　　　　　　**阿里巴巴合并综合收益表**

Consoliated Statements of Comprehensive Income

¥ in Millions，$ in Millions

Item	12 Months Ended			
	Mar. 31 2024 CNY （¥）	Mar. 31 2024 USD （$）	Mar. 31 2023 CNY （¥）	Mar. 31 2022 CNY （¥）
Net income	71 332	9 879	65 573	47 079
Foreign currency translation：				
Change in unrealized （losses） gains net of tax	13 502	1 870	22 332	（15 470）
Share of other comprehensive income of equity method investees：				
Change in unrealized （losses） gains	980	136	1 493	（784）
Interest rate swaps under hedge accounting and others：				
Change in unrealized gains （losses）	（97）	（13）	10	157
Other comprehensive （loss） income	14 385	1 993	23 835	（16 097）
Total comprehensive income	85 717	11 872	89 408	30 982
Total comprehensive loss attributable to noncontrolling interests	8 364	1 158	6 480	17 361
Total comprehensive income attributable to ordinary shareholders	¥ 94 081	$ 13 030	¥ 95 888	¥ 48 343

表5-11 阿里巴巴合并资产负债表

Consolidated Balance Sheet

¥ in Millions，$ in Millions

Item	Mar. 31，2024 CNY（¥）	Mar. 31，2024 USD（$）	Mar. 31，2023 CNY（¥）
Current assets：			
Cash and cash equivalents	¥ 248 125	$ 34 365	¥ 193 086
Short-term investments	262 955	36 419	326 492
Restricted cash and escrow receivables	38 299	5 304	36 424
Equity securities and other investments	59 949	8 303	4 892
Prepayments，receivables and other assets	143 536	19 879	137 072
Total current assets	752 864	104 270	697 966
Equity securities and other investments	220 942	30 600	245 737
Prepayments，receivables and other assets	116 102	16 080	110 926
Investments in equity method investees	203 131	28 133	207 380
Property and equipment，net	185 161	25 645	176 031
Intangible assets，net	26 950	3 733	46 913
Goodwill	259 679	35 965	268 091
Total assets	1 764 829	244 426	1 753 044
Current liabilities：			
Current bank borrowings	12 749	1 766	7 466
Current unsecured senior notes	16 252	2 251	4 800
Income tax payable	9 068	1 256	12 543
Accrued expenses，accounts payable and other liabilities	297 883	41 256	275 950
Merchant deposits	12 737	1 764	13 297
Deferred revenue and customer advances	72 818	10 085	71 295

Item	Mar. 31, 2024 CNY （¥）	Mar. 31, 2024 USD （$）	Mar. 31, 2023 CNY （¥）
Total current liabilities	421 507	58 378	385 351
Deferred revenue	4 069	564	3 560
Deferred tax liabilities	53 012	7 342	61 745
Non-current bank borrowings	55 686	7 712	52 023
Non-current unsecured senior notes	86 089	11 923	97 065
Other liabilities	31 867	4 414	30 379
Total liabilities	652 230	90 333	630 123
Commitments and contingencies			
Mezzanine equity	10 728	1 486	9 858
Shareholders' equity：			
Ordinary shares， US $0.000003125 par value； 32 000 000 000 shares authorized as of March 31, 2023 and 2024； 20 526 017 712 and 19 469 126 956 shares issued and outstanding as of March 31, 2023 and 2024 respectively	1	0	1
Additional paid-in capital	397 999	55 122	416 880
Treasury shares，at cost	（27 684）	（3 834）	（28 763）
Subscription receivables	0	0	（49）
Statutory reserves	14 733	2 040	12 977
Accumulated other comprehensive （loss） income			
Cumulative translation adjustments	3 635	503	（10 476）
Unrealized gains （losses） on interest rate swaps and others	（37）	（5）	59
Retained earnings	597 897	82 809	599 028

续表

Item	Mar. 31，2024 CNY（¥）	Mar. 31，2024 USD（$）	Mar. 31，2023 CNY（¥）
Total shareholders′ equity	986 544	136 635	989 657
Noncontrolling interests	115 327	15 972	123 406
Total equity	1 101 871	152 607	1 113 063
Total liabilities，mezzanine equity and equity	¥ 1 764 829	$ 244 426	¥ 1 753 044

表5-12 **阿里巴巴合并现金流量表**

Consolidated Statements of Cash Flows

¥ in Millions

Item	12 Months Ended			
	Mar. 31，2024 CNY（¥）	Mar. 31，2024 USD（$）	Mar. 31，2023 CNY（¥）	Mar. 31，2022 CNY（¥）
Cash flows from operating activities：				
Net income	¥ 71 332	$ 9 879 000 000	¥ 65 573	¥ 47 079
Adjustments to reconcile net income to net cash provided by operating activities：				
Revaluation loss on previously held equity interest	0	0	0	2
Loss on disposals of equity method investees	10	1 000 000	72	32
Loss related to equity securities and other investments	23 480	3 252 000 000	14 911	20 479
Change in fair value of other assets and liabilities	(708)	(98 000 000)	(1 522)	1 478
Gain on disposals of subsidiaries	(1 550)	(215 000 000)	(14)	(1 163)
Depreciation and impairment of property and equipment，and operating lease cost relating to land use rights	26 640	3 690 000 000	27 799	27 808
Amortization of intangible assets and licensed copyrights	17 864	2 474 000 000	19 139	20 257
Share-based compensation expense	18 546	2569 000 000	30 831	23 971

Item	12 Months Ended			
	Mar. 31, 2024 CNY（¥）	Mar. 31, 2024 USD（$）	Mar. 31, 2023 CNY（¥）	Mar. 31, 2022 CNY（¥）
Equity-settled donation expense	0	0	511	0
Impairment of equity securities and other investments	12 244	1696 000 000	13 327	8 922
Impairment of goodwill, intangible assets and licensed copyrights	22 610	3 131 000 000	6 658	25 886
Loss（Gain）on disposals of property and equipment	（107）	（15 000 000）	（163）	132
Share of results of equity method investees	7 735	1 072 000 000	8 063	（14 344）
Deferred income taxes	（5 263）	（729 000 000）	（1 717）	（1 369）
Allowance for doubtful accounts	3 509	485 000 000	2 802	1 739
Changes in assets and liabilities, net of effects of acquisitions and disposals:				
Prepayments, receivables and other assets, and long-term licensed copyrights	（37 621）	（5 209 000 000）	8 605	（32 496）
Income tax payable	（4 764）	（660 000 000）	（9 214）	（3 526）
Accrued expenses, accounts payable and other liabilities	27 126	3 757 000 000	11 159	13 327
Merchant deposits	（560）	（78 000 000）	（1 450）	（270）
Deferred revenue and customer advances	2 070	287 000 000	4 382	4 815
Net cash provided by operating activities	182 593	25 289 000 000	199 752	142 759
Cash flows from investing activities:				
（Increase）Decrease in short-term investments, net	71 426	9 892 000 000	（61 086）	（106 984）
Increase in other treasury investment, net	（64 392）	（8 918 000 000）	（40 794）	
Settlement of forward exchange contracts, net	658	91 000 000	1 282	（448）
Acquisitions of equity securities and other investments and other assets	（15 240）	（2 111 000 000）	（17 818）	（39 378）

Item	12 Months Ended			
	Mar. 31, 2024 CNY（¥）	Mar. 31, 2024 USD（$）	Mar. 31, 2023 CNY（¥）	Mar. 31, 2022 CNY（¥）
Disposals of equity securities and other investments, and other assets	21 966	3 042 000 000	21 738	14 543
Acquisitions of equity method investees	(3 525)	(488 000 000)	(4 552)	(9 383)
Disposals of and distributions from equity method investees	1 265	175 000 000	1 001	936
Acquisitions of:				
Land use rights, property and equipment	(32 087)	(4 444 000 000)	(34 330)	(53 309)
Intangible assets	(842)	(116 000 000)	(22)	(15)
Disposals of property and equipment	373	52 000 000	644	
Cash paid for business combinations, net of cash acquired	(2 204)	(305 000 000)	(1 204)	(4 087)
Deconsolidation and disposal of subsidiaries, net of cash proceeds	699	97 000 000	(5)	(11)
Loans to employees, net of repayments	79	10 000 000	(360)	(456)
Net cash used in investing activities	(21 824)	(3 023 000 000)	(135 506)	(198 592)
Cash flows from financing activities:				
Issuance of ordinary shares	843	117 000 000	11	109
Repurchase of ordinary shares	(88 745)	(12 291 000 000)	(74 746)	(61 225)
Dividend distribution	(17 946)	(2 485 000 000)	0	0
Acquisition of additional equity interests in non-wholly owned subsidiaries	(5 821)	(806 000 000)	(2 511)	(7 406)
Dividends paid by non-wholly owned subsidiaries to noncontrolling interests	(546)	(76 000 000)	(489)	(881)

续表

Item	12 Months Ended			
	Mar. 31, 2024 CNY（¥）	Mar. 31, 2024 USD（$）	Mar. 31, 2023 CNY（¥）	Mar. 31, 2022 CNY（¥）
Contingent consideration payments made after a business combination	(71)	(10 000 000)	(144)	
Capital injection from noncontrolling interests	1577	218 000 000	918	12 240
Proceeds from bank borrowings and other borrowings, net of upfront fee payment for a syndicated loan	20 570	2 848 000 000	22 790	9 427
Repayment of bank borrowings	(13 092)	(1 813 000 000)	(11 448)	(7 128)
Repayment of unsecured senior notes	(5 013)	(694 000 000)		(9 585)
Net cash used in financing activities	(108 244)	(14 992 000 000)	(65 619)	(64 449)
Effect of exchange rate changes on cash and cash equivalents, restricted cash and escrow receivables	4 389	608 000 000	3 530	(8 834)
(Decrease) Increase in cash and cash equivalents, restricted cash and escrow receivables	56 914	7 882 000 000	2 157	(129 116)
Cash and cash equivalents, restricted cash and escrow receivables at beginning of year	229 510	31 787 000 000	227 353	356 469
Cash and cash equivalents, restricted cash and escrow receivables at end of year	286 424	39 669 000 000	229 510	227 353
Supplemental disclosures of cash flow information:				
Payment of income tax	32 486		26 476	31 733
Payment of interest	7 832		5 637	4 886
Business combinations:				
Cash paid for business combinations	(2 325)		(1 254)	(5 282)
Cash acquired in business combinations	121		50	1 195
Cash paid for business combinations, net of cash acquired	¥ (2 204)	$ (305 000 000)	¥ (1 204)	¥ (4 087)

阿里巴巴年报显示，对于本公司的非全资子公司，本公司将确认为非控制性权益，以反映非直接或间接归属于该公司的股权。若非控制性权益可于发生某事件时被赎回，且这些事件并非完全在本公司控制范围内，则该等非控制性权益将被分类为夹层权益，并采用实际利率法以计算自夹层权益很可能被赎回的当天起至最早的赎回日期间赎回价值的变动。合并利润表中的合并净利润包括归属于非控制性权益及夹层权益持有人的净利润或损失。

阿里巴巴的合并综合收益表显示综合收益包括净利润与其他综合收益。其他综合收益包括外币报表折算、权益法投资下其他综合收益的份额、套期会计下利率互换，并对归属于普通股股东的综合收益单独列示。

阿里巴巴的合并资产负债表显示，截至2024年3月31日，资产总额为1 764 829百万元，负债总额为652 230百万元，股东权益为986 544百万元，夹层权益为10 728百万元，非控制性权益为115 327百万元，负债与权益合计为1 764 829百万元。详细数据见表5-11。

此外，年报附注中显示，无形资产主要包括通过企业合并取得的无形资产和购买的无形资产。通过企业合并获得的无形资产，如果满足"合同-法律"（contractual-legal）或者"可分离"（separability）的标准，则区别于商誉单独确认。企业合并产生的无形资产在收购时采用折现现金流分析和比率分析等估值技术，参考类似行业的可比公司，在收益法、市场法和成本法下以公允价值计量。用于确定这些无形资产公允价值的主要包括未来增长率和加权平均资本成本。外购无形资产在取得时按成本进行初始确认和计量。具有可确定使用寿命的可单独辨认的无形资产继续采用直线法在其估计使用寿命内摊销，摊销年限如下：

使用者基础与客户关系（user base and customer relationships）

3—16年

商品名称、商标与域名（trade names，trademarks and domain names）

5—20年

已开发的技术与专利（developed technology and patents）

2—10年

竞业禁止协议（non-compete agreements）

在长达10年的合同期限内，阿里巴巴的合并现金流量表分别列示了经营活动现金流量、投资活动现金流量、筹资活动现金流量，并列示了支付的所得税、利息及企业合并中的现金收付等补充信息。其中，经营活动现金流量是按照间接法列示的，反映了如何从净利润调整至经营活动现金流量，调整项目包括以前期间持有的股权重估损失、权益法投资的处置损失、权益证券及其他投资相关的损失、其他资产和负债的公允价值变动、子公司处置利得、不动产与设备及土地使用权相关的经营租赁的折旧和摊销、无形资产和许可版权的摊销、基于股份的补偿费用、权益结算的捐赠费用、权益证券及其他投资的减值、商誉及无形资产和许可版权的减值、不动产及设备的处置损益、权益法投资下对被投资单位收益享有的份额、递延所得税、坏账准备、相关长短期资产和负债的变动等。

5.3　未上市公司遵循IFRS

众所周知，各国的上市公司需要按照一定的标准编制财务报表，并向公众定期公布财务报告。那么，非上市公司在编制财务报表时需要按照什么准则呢？在我国，未上市的公司可以选择执行企业会计准则，规模较小的也可以执行小企业会计准则。规模较大、有跨国业务的公司也可以执行国际财务报告准则。以下以华为为例加以分析。

华为创立于1987年，是全球领先的ICT（信息与通信）基础设施和智能终端提供商，20.7万员工遍及170多个国家和地区，为全球30多亿人口提供服务。华为致力于把数字世界带入每个人、每个家庭、每个组织，构建万物互联的智能世界。通过员工持股计划，华为是一家100%由员工持股的民营企业。近五年财务概要见表5-13。

表5-13　　　　　　　　**华为近五年财务概要**①　　　　　金额单位：百万元

项目	2023年	2022年	2021年	2020年	2019年
销售收入	704 174	642 338	636 807	891 368	858 833
营业利润	104 401	42 216	121 412	72 501	77 835

①　本专题涉及华为的相关数据均来自该公司2019—2023年年报。

续表

项目	2023年	2022年	2021年	2020年	2019年
营业利润率	14.8%	6.6%	19.1%	8.1%	9.1%
净利润	86 950	35 562	113 718	64 649	62 656
经营活动现金流	69 807	17 797	59 670	35 218	91 384
现金与短期投资	475 317	373 452	416 334	357 366	371 040
运营资本	421 662	344 938	376 923	299 062	257 638
总资产	1 263 597	1 063 804	982 971	87 6854	858 661
总借款	308 414	197 144	175 110	141 811	112 162
所有者权益	507 568	437 076	414 652	330 408	295 537
资产负债率	59.8%	58.9%	57.8%	62.3%	65.6%

从表5-13可以看出，华为近五年销售收入总体呈现不断增加的趋势。2023年，伴随着销售收入的增长，华为的总资产呈现较为同样强劲的增长。通过经营活动现金流量与净利润的对比可知，华为的盈利质量较高。

在华为年报中明确指出其财务报表是按照国际财务报告准则编制的。合并利润表及其他综合收益表、合并财务状况表分别见表5-14、表5-15。

表5-14　　　　　华为2023年合并利润表及其他综合收益表　　　　单位：百万元

项目	2023年	2022年
收入	704 174	642 338
销售成本	（378 810）	（360 413）
销售毛利	325 364	281 925
研发费用	（164 721）	（161 494）
销售和管理费用	（118 923）	（109 785）
其他净收支	62 681	31 570
营业利润	104 401	42 216
净财务（费用）/收入	（6 659）	1 018

项目	2023年	2022年
应占联合营公司业绩	（146）	712
税前利润	97 596	43 946
所得税	（10 646）	（8 384）
净利润	86 950	35 562
其他综合收益（税后及重分类调整后金额）		
不能重分类进损益：		
重新计量设定受益计划负债	133	65
FVOCI权益投资公允价值变动	1 350	（1 169）
能够重分类进损益：		
FVOCI非权益金融资产公允价值变动及减值损失	172	（250）
外币财务报表折算差额	1 225	3 514
应占联营公司、合营公司其他综合收益	1	（1）
	1 398	3 263
其他综合收益	2 881	2 159
综合收益总额	89 831	37 721
净利润归属于：		
本公司所有者	86 893	35 534
非控制权益	57	28
	86 590	35 562
综合收益归属于：		
本公司所有者	89 773	37 694
非控制权益	58	27
	89 831	37 721

表5-15 　　　　　　　　　　华为合并财务状况表　　　　　　　单位：百万元

项　目	2023.12.31	2022.12.31
资产		
物业、厂房及设备	156 495	137 024
商誉及无形资产	8 537	8 048
使用权资产	25 402	23 286
对联营公司、合营公司的权益投资	7 336	7 109
其他投资及衍生工具	154 510	83 055
递延所得税资产	12 456	11 760
合同资产	1 340	1 025
应收账款及应收票据	7 014	3 073
其他资产	17 413	14 628
非流动资产合计	390 503	289 008
存货及其他合同成本	154 558	163 282
合同资产	52 546	51 502
应收账款及应收票据	102 050	87 804
其他资产	88 141	98 451
其他投资及衍生工具	282 896	226 488
现金及现金等价物	192 903	147 269
流动资产合计	873 094	774 796
资产总计	1 263 597	1 063 804
权益		
本公司所有者应占权益	507 428	436 975
非控制权益	140	101
权益合计	507 568	437 076
负债		

项　目	2023.12.31	2022.12.31
借款	291 688	183 183
递延所得税负债	3 433	3 804
租赁负债	7 460	7 275
其他负债	2 016	2 608
非流动负债合计	304 597	196 870
借款	16 726	13 961
应付雇员福利	98 861	97 697
应付所得税	6 687	4 217
应付账款及应付票据	90 845	92 104
合同负债	95 101	87 575
租赁负债	3 375	3 296
其他负债	119 668	114 426
准备	20 169	16 582
流动负债合计	451 432	429 858
负债总计	756 029	626 728
权益及负债总计	1 263 597	1 063 804

从表5-14可以看出，华为将利润表和其他综合收益表放置于一张表中，与我国现行利润表的内容基本一致，但个别项目的名称略有差异。

从表5-15可以看出，华为资产负债表采用了国际财务报告准则的最新称谓——财务状况表，并且从报表项目的列示顺序上来看，与我国有较大差异。华为财务状况表采用的是报告式的结构，按照资产、权益、负债的顺序依次列示。其中，资产部分按照流动性从低到高，先列示非流动资产（包括物业、厂房及设备、商誉及无形资产等），再列示流动资产（包括存货及其他合同成本、合同资产、应收账款及应收票据等）。负债部分同样按照流动性从低到高排列，先列示非流动负债（借款、递延所得税负债、租赁负债等），再列示流动负债（借款、应付雇员福利、应付所得税等）。除列报顺序不同外，个别项目的称谓也有所不同，如非控制权益、应付所得税、准备等。

6 工具篇

会计信息的有用性体现在其有助于信息使用者作出相关决策。掌握一些实用的方法能够得出更加清晰的结论。现金对于企业的重要性不言而喻，本篇将首先介绍现金流量分析方法，其次将 SWOT 理念引入财务领域，介绍财务 SWTO 分析方法，最后借助 POWER BI 开展财务数据可视化分析。

6.1　现金流量分析

现金是流动性最强的资产，购入材料、发放工资、购建厂房、偿还借款都需要现金，企业只有保持合理的现金才能维持正常运转。但是资金只有动起来才能产生收益，过多的现金占用会产生较大的机会成本。现金持有量太少不能满足正常需要，现金持有量太多无法带来更高的收益，企业需要在流动性与收益性之间进行平衡，保持合理的现金持有量。

一家企业没有利润是可怕的，但没有现金却是致命的。许多步履维艰的企业往往由于缺乏现金的支撑而一夜倒闭。对企业开展现金流量分析，有助于评价企业获取现金及现金等价物的能力，从而对企业的财务状况作出客观的评价，并了解企业对外部资金的需求情况，预测企业的未来现金流量。

6.1.1　现金流量分析方法

现金流量总体分析。结合企业现金流量表，基于现金及现金等价物的期初余额，分别考察经营活动现金净流量、投资活动现金净流量、筹资活动现金净流量，得出现金及现金等价物的期末余额，从而对企业的现金流量状况形成总体认识。

现金流量表趋势分析是指在对企业连续若干期现金流量数据进行比较的基础上，找出现金流量的发展变化特点，并从中反映出企业在经营、投资、筹资等活动方面的特征。

现金流量结构分析。从流入、流出的角度，对三大活动现金流量的内部结构展开分析，从而更好地剖析现金流量变动的原因。具体而言包括两个角度，即现金流入结构分析和现金流出结构分析。现金流入结构分析可以反映企业经营活动的现金流入量、投资活动的现金流入量和筹资活动的现金流入量分别占现金总流入量的比重。对现金流出进行结构分析，能够体现出企业经营活动现金流出、投资活动现金流出、筹资活动现金流出量分别占现金总流出量的比重。

现金流量分项分析。基于前述分析方法的结果，需要对经营活动现金流量、投资活动现金流量、筹资活动现金流量作出进一步分析，找到具体原因。

6.1.2　欣锐科技现金流量案例分析

1）欣锐科技简介

深圳欣锐科技股份有限公司（证券简称：欣锐科技，股票代码：300745.SZ），2005年1月在深圳成立，是以新能源汽车业务、氢燃料电池车业务、高端装备业务为三大核心业务板块协同发展的国家高新技术企业，是科技部863项目和国家发改委战略性新兴产业项目的主承接单位。公司通过汽车级 ISO/SAE 21434 、IATF16949、ISO26262 ASIL D、ASPICE level 3 等专业化体系认证标准。在深圳、上海两地分别建立产品研发和生产基地，形成两个运营核心，全力以赴保障新能源汽车产业链的安全。在武汉设立软件研发中心，进一步提升软件开发管理国际化水平。为客户提供高效率、高功率密度、智能化、高可靠性的电力电子能量变换系统解决方案，产品服务全球。

公司 2006 年初进入新能源汽车产业，专注新能源汽车车载电源解决方案（其主要技术集中在车载 DC/DC 变换器和车载充电机以及集成产品），拥有车载电源原创性核心技术的全部自主知识产权，配套了国内外众多主流车型，是车载电源细分领域的先行者。2018 年是氢燃料电池产业发展的重要年份，公司开始服务国内主要氢燃料电池车 DCF 配套项目，开启了全新的业务板块。欣锐科技在车载电源和大功率充电以及氢燃料电池车 DCF 领域积累了丰富的研发及产业经验，拥有专业的研发创新能力及工程制造能力，产品技术水平居行业前列。公司秉承锐意进取、协同创新的服务理念，通过合资公司的建立不断拓展全球化市场。以追求卓越的产品创新理念，为行业客户提供专业价值服务，致力于成为全球电力电子行业领导者。

2）欣锐科技现金流量总体分析

欣锐科技 2019—2023 年各年现金流量见表 6-1，近五年来现金及现金等价物余额从 11 013.72 万元增长到 66 769.37 万元，总体呈现上涨趋势。究其原因除了三大活动现金流量外，还包括汇率变动对现金及现金等价物的影响。后续分析时，主要针对三大活动现金流量加以展开。

表6-1　　　　　欣锐科技近五年现金流量基本数据[1]　　　　单位：万元

项目	2023 年	2022 年	2021 年	2020 年	2019 年
经营活动现金流量	−13 366.35	−19 529.35	−12 919.81	−7 319.38	−4 935.84
投资活动现金流量	−61 458.68	−20 074.91	5 545.19	−16 819.31	8 564.96

① 本专题涉及欣锐科技的相关数据均来自该公司 2019—2023 年年报。

续表

项目	2023 年	2022 年	2021 年	2020 年	2019 年
筹资活动现金流量	125 631.69	17 548.12	17 122.64	20 747.32	-3 595.95
汇率变动对现金及现金等价物的影响	13.78	-604.52	668.95	70.65	103.02
现金及现金等价物净增加额	50 820.45	-2 161.04	10 416.97	-3 320.73	136.19
现金及现金等价物期初余额	15 948.92	18 109.96	7 692.99	11 013.71	10 877.52
现金及现金等价物期末余额	66 769.37	15 948.92	181 09.96	7 692.99	11 013.72

3）欣锐科技现金流量趋势分析

基于表6-1的信息可知，各年三大活动现金流量的趋势是不同的。欣锐科技近五年经营活动现金流量均为负数，并且净流出的金额从2019年开始逐年上涨，直到2023年略有回落。而这一点也成为各年现金及现金等价物净流出的根本原因。投资活动现金流量各年起伏不定，对现金及现金等价物的影响也不尽相同。筹资活动现金流量除2019年为现金净流出以外，其余各年均为现金净流入，说明企业对筹资活动现金流的依赖程度较高。

4）欣锐科技现金流量结构分析

（1）现金流入结构分析（见表6-2）

表6-2　　　　　　　　欣锐科技近五年现金流入结构

项目		2023 年	2022 年	2021 年	2020 年	2019 年
经营活动现金流入	金额（万元）	145 996.00	146 855.55	60 529.43	59 448.66	83 701.35
	占比（%）	31.88	58.22	38.33	54.26	55.28

续表

项目		2023年	2022年	2021年	2020年	2019年
投资活动现金流入	金额（万元）	137 399.69	49 807.68	52 674.42	26 034.28	67 069.49
	占比（%）	30.00	19.74	33.35	23.76	44.30
筹资活动现金流入	金额（万元）	174 586.71	55 595.93	44 723.56	24 079.04	632.26
	占比（%）	38.12	22.04	28.32	21.98	0.42
现金流入合计（万元）		457 982.40	252 259.16	157 927.41	109 561.99	151 403.10

从表6-2可以看出，欣锐科技近五年内现金流入中，占比较大的是经营活动现金流入，2019年、2020年、2022年中经营活动现金流入占比均在55%左右，最高达到58.22%。投资活动现金流入各年均占有一定的比重。筹资活动现金流入除2019年外均占有一定的比重。

（2）现金流出结构分析（见表6-3）

表6-3 欣锐科技近五年现金流出结构

项目		2023年	2022年	2021年	2020年	2019年
经营活动现金流出	金额（万元）	159 362.35	166 384.89	73 449.24	66 768.04	88 637.19
	占比（%）	39.14	65.55	49.57	59.11	58.56
投资活动现金流出	金额（万元）	198 858.38	69 882.59	47 129.23	42853.60	58 504.53
	占比（%）	48.84	27.53	31.81	37.94	38.65
筹资活动现金流出	金额（万元）	48 955.02	17 548.12	27600.91	3331.73	4 228.21
	占比（%）	12.02	6.91	18.63	2.95	2.79
现金流出合计（万元）		407 175.74	253 815.61	148 179.38	112 953.36	151 369.93

由表6-3可知，总体而言经营活动现金流出占比最大，但呈现一定的下降态势，投资活动现金流出占比逐渐增加，筹资活动现金流出占比最小。

5）欣锐科技现金流量分项分析

现金流量分项分析有助于理解钱从哪里来，又花到哪里去。以下分别展开分析。

（1）经营活动现金流量分析（见表6-4）

表6-4　　　　　　　欣锐科技近五年经营活动现金流量　　　　　　单位：万元

项目	2023年	2022年	2021年	2020年	2019年
销售商品、提供劳务收到的现金	135 493.99	138 328.17	53 683.99	51 931.79	77 326.86
收到的税费返还	5 052.37	4 166.57	2 270.13	1 495.62	3 118.82
收到其他与经营活动有关的现金	5 449.65	4 360.80	4 575.31	6 021.25	3 255.66
经营活动现金流入小计	145 996.00	146 855.54	60 529.43	59 448.66	83 701.35
购买商品、接受劳务支付的现金	115 638.05	114 973.07	47 812.62	45 312.58	63 794.86
支付给职工以及为职工支付的现金	24 872.36	23 351.10	15 348.21	11 782.63	13 302.72
支付的各项税费	4 674.37	6 213.19	3 613.43	2 149.19	4 795.28
支付其他与经营活动有关的现金	14 177.57	21 847.54	6 674.99	7 523.64	6 744.34
经营活动现金流出小计	159 362.35	166 384.89	73 449.24	66 768.04	88 637.19
经营活动产生的现金流量净额	-13 366.35	-19 529.35	-12 919.81	-7 319.38	-4 935.84

从表6-4可以看出，欣锐科技经营活动现金流入主要表现为销售商品、提供劳务收到的现金以及收到的税费返还，收到其他与经营活动有关的现金。其中，销售商品、提供劳务收到的现金占有绝对的比例。经营活动现金流出主要表现为购买商品、接受劳务支付的现金，支付的各项税费，支付其他与经营活动有关的现金，其中，购买商品、接受劳务支付的现金占有绝对的比例。此外，"购买商品、接受劳务支付的现金"与"销售商品、提供劳务收到的现金"的占比均在80%以上，说明企业在营业成本方面的开支较高。

（2）投资活动现金流量分析（见表6-5）

表6-5　　　　　　欣锐科技近五年投资活动现金流量　　　　　单位：万元

项目	2023年	2022年	2021年	2020年	2019年
收回投资收到的现金	136 261.31	46 500	5 202 125	25 890	65 950
取得投资收益收到的现金	1 120.13	231.63	591.08	120.23	1 117.99
处置固定资产、无形资产和其他长期资产收回的现金净额	18.25	3 076.05	62.10	24.05	1.5
投资活动现金流入小计	137 399.69	49 807.68	52 674.42	26 034.28	67 069.49
购建固定资产、无形资产和其他长期资产支付的现金	19 358.38	23 282.59	5 229.23	6 942.35	9 754.53
投资支付的现金	179 500	46 600	41 900	35 911.25	48 750
投资活动现金流出小计	198 858.38	69 882.59	47 129.23	42 853.60	58 504.53
投资活动产生的现金流量净额	-61 458.68	-20 074.91	5 545.19	-16 819.31	8 564.96

从表6-5可以看出，投资活动现金流入主要包括收回投资收到的现金，取得投资收益收到的现金，处置固定资产、无形资产和其他长期资产收回的现金净额较少。投资活动现金流出主要包括购置固定资产、无形资产和其他长期资产支付的现金以及投资支付的现金，其中投资支付的现金占比较大。可见，公司更多地着眼于金融投资，但是金融投资的不稳定性也较为明显。

（3）筹资活动现金流量分析（见表6-6）

表6-6　　　　　　欣锐科技近五年筹资活动现金流量　　　　　单位：万元

项目	2023年	2022年	2021年	2020年	2019年
吸收投资收到的现金	140 233.34	3 141.02	26 898.70	77.84	0
取得借款收到的现金	34 330.23	52 454.91	17 824.86	23 383.47	0
收到其他与筹资活动有关的现金	231 346.47	0	0	617.73	632.26
筹资活动现金流入小计	174 586.71	55 595.93	44 723.56	24 079.04	632.26

续表

项目	2023年	2022年	2021年	2020年	2019年
偿还债务支付的现金	44 366.23	14 098.53	23 383.47	2 388.30	3 263.78
分配股利、利润或偿付利息支付的现金	1 676.11	1 118.28	958.37	751.23	964.43
支付其他与筹资活动有关的现金	2 912.68	2 331.31	3 259.07	192.20	0
筹资活动现金流出小计	48 955.02	17 548.12	27 600.91	3 331.73	4 228.21
筹资活动产生的现金流量净额	125 631.69	38 047.81	17 122.64	20 747.32	-3 595.95

从表6-6可以看出，公司近五年通过吸收投资和借款来筹集资金，前期借款筹资占比更高，后期股权筹资占比更高。筹资活动现金流出主要表现为偿还债务支付的现金，并且偿债金额越来越高，偿债压力较大。分配股利、利润或偿付利息支付的现金也占有一定的比例。支付其他与筹资活动有关的现金主要指的是支付的租赁费用、发行费用及贷款保证金。

6.2 财务SWOT分析

在管理学的视域中，SWOT分析是一种较为流行的工具，分别指的是优势S（strengths）、劣势W（weaknesses）、机会O（opportunities）、威胁T（threats）。而财务数据作为经营的结果，是一定的经营模式与战略决策作用后的结果，因此财务数据的背后体现的是特定的商业模式与经营战略。借鉴管理学的SWOT分析思路，将之应用到财务领域，通过分析财务视角下的优势、劣势以及机会与威胁，能够将企业内部与外部相结合，财务与经营、战略相结合，宏观战略与微观数据相结合，在对比中得出结论，使得分析更具有实际意义。

6.2.1 财务SWOT分析的基本思路

SWOT模型是结合内部和外部竞争条件和竞争环境，将与研究对象密切相关的各种主要内部优势 S（strengths）、劣势 W（weaknesses）和外部的机会 O（opportunities）、威胁 T（threats）列举出来，并根据矩阵形式进行排列，然后用系统分析的思想，对各种因素进行匹配分析，得出一系列决策性的结论。利用这种方法，可以对主体情况进行全面、系统和准确的研究，并根据研究结果制定相应的发展战略、计划和对策。

传统的财务数据分析只着眼于偿债能力、营运能力、盈利能力和发展能力的分析。这种研究方法分离了企业与行业、企业与经济环境的联系，缺少对企业发展的前瞻性和行业的相关性的分析。近年来逐渐涌现出财务 SWOT 分析的研究方法，基于 SWOT 模型对财务数据进行分析时，可按以下思路进行：

首先，应根据企业年报及其他公告等资料获取需要的财务数据，并计算得到特定的财务比率，对目标企业的财务情况形成总体性认识。例如，通过查阅营业收入可以了解企业的销售规模，查阅净利润、每股收益可以了解公司的盈利水平，进一步可以计算得出销售毛利率、销售净利率、净资产收益率等相对指标，便于后续比较。通过获取资产、负债、所有者权益数据可以计算得出资产负债率，了解企业的债务规模及长期偿债能力，通过流动资产、速动资产与流动负债的对比可以反映企业的短期偿债能力。通过计算存货周转率、应收账款周转率等可以反映企业的产品周转速度及账款回收情况，通过计算总资产周转率可以反映企业全部资产的周转能力。通过对比各年的营业收入、净利润、总资产等可以反映企业的收入、利润、资产的增长情况，体现其发展能力。

其次，了解同行业其他企业的情况，从而理解行业的整体发展态势，并重点搜集行业标杆企业的财务数据。在前述步骤中主要进行纵向分析，将目标企业连续若干年的数据进行对比，分析其盈利能力、偿债能力、营运能力和发展能力，得出基本结论。在前述步骤的基础上需要进一步与行业其他企业尤其是标杆企业进行对比，通过财务数据的比较明确目标企业经营中的优势、劣势，并结合行业生命周期及国家宏观政策等外部环境，分析目标企业经营环境中的机会与威胁。

最后，按照对财务数据的比较得出各个因素之间的相关性，将优势、劣势、机会和威胁结合起来，构建 SWOT 矩阵，并为企业提供四种发展策略：SO策略，即合理利用优势和机会进行发展的增长型战略；ST策略，即发展优势，规避潜在威胁的多种经营型策略；WO策略，即抓住机会将劣势转变为优势的扭转型战略；WT策略，即降低风险弱化劣势的防御型战略，见表6-7。

表6-7　　　　　　　　　　　　　　SWOT矩阵

项目	优势S	劣势W
机会O	SO战略：增长型战略	WO战略：扭转型战略
威胁T	ST战略：多种经营型战略	WT战略：防御型战略

6.2.2　燕京啤酒财务SWOT分析

1）燕京啤酒基本情况

北京燕京啤酒股份有限公司（证券简称：燕京啤酒，股票代码：000729）成立于1997年7月8日，系经北京市人民政府京政函〔1997〕27号文件批准，由北京燕京啤酒有限公司、北京市西单商场股份有限公司及北京市牛栏山酒厂共同发起，以募集设立方式设立的股份有限公司。公司股票于1997年6月25日在深圳证券交易所上网发行，7月16日挂牌上市交易，公司股本为30 953万元。

公司先后通过了ISO9001、ISO14001、HACCP、绿色食品认证及食品质量安全QS认证，2006年成为国家环境友好型企业。燕京啤酒荣获1992年第31届布鲁塞尔国际食品博览会金奖、首届全国轻工业博览会金奖等多项荣誉称号。燕京啤酒被指定为中国国际航空等七家公司的配餐用酒。2005年燕京啤酒成为北京奥运会赞助商，2011年成为中国探月工程官方合作伙伴，2012年成为中国乒乓球队官方合作伙伴，2014年成为中国足协杯冠名赞助商。

啤酒行业是国内市场竞争最激烈的行业之一。近年来，随着消费升级，啤酒产品品质导向更为明显，促使国内啤酒品牌产品加速从低端向中高端升级，啤酒行业高端化趋势随之进一步加快，高端化、品牌化是啤酒行业未来发展的趋势。2023年，国内啤酒全年实现规模以上企业啤酒产量 3 555.5 万千升，同比增长 0.3%（数据来源：国家统计局；统计口径：年主营业务收入 2 000 万元以上的全部工业法人企业）。本公司 2023 年度实现啤酒销量（含托管企业）394.24 万千升，同比增长 4.57%，快于行业增速。

燕京啤酒是中国清爽型啤酒的开创者和领导者。公司多年来始终坚守产品质量，利用自己的国民品牌形象与国潮高度契合的特性，坚守匠心铸民族品牌，持续打造国货精品，实现品质燕京。燕京清爽、燕京鲜啤、燕京 U8、燕京 V10 白啤、燕京 S12 皮尔森啤酒、漓泉 1998、漓泉全生态、惠泉一麦、惠泉纯生啤酒等产品是公司及主要子公司的主要产品。

公司目前拥有控股子公司 60 家，遍布我国 18 个省（直辖市），销售区域辐射全国。公司在发展中开创了具有燕京特色的经营模式，公司主要的销售模式为经销模式，对重点市场深度分销与协销相结合，部分市场为大客户协作模式。同时公司持续开展线上线下一体化营销策略。公司通过京东、天猫、拼多多、抖音、微信等平台销售公司产品，电商渠道销售的产品主要有燕京 U8、V10 精酿白啤、原浆白啤、燕京狮王精酿、无醇啤酒等。

采购模式。报告期内，公司原材料主要为外购及向子公司采购，其中：外购大宗原材料均采用集中招标采购模式。

生产模式。公司产品主要为自产，公司及各子公司根据销售计划安排生产计划，并结合市场实际销售情况，调整或落实生产计划，在控制库存的同时确保市场供应及时。

2）燕京啤酒近五年主要财务数据

燕京啤酒近五年资产、负债、所有者权益、营业收入、营业成本、净利润等主要财务数据见表 6-8。

燕京啤酒近五年来资产规模不断扩大，从 2019 年的 181.62 亿元增长到 2023 年的 212.31 亿元，负债总体上也呈现上涨趋势，但是资产负债率长期控制在 30% 左右。所有者权益除 2020 年外也呈现稳步上涨的趋势。

表6-8   燕京啤酒近五年主要财务数据①   单位：亿元

项目	2023年	2022年	2021年	2020年	2019年
资产总额	212.31	206.98	194.20	184.92	181.62
负债总额	64.54	64.32	54.48	46.12	43.46
所有者权益总额	147.77	142.66	139.72	138.80	138.15
营业收入	142.13	132.02	119.61	109.28	114.68
营业成本	133.59	125.42	115.46	104.73	110.50
净利润	8.55	5.49	2.93	2.85	2.63

燕京啤酒近五年来营业收入总体呈现上涨趋势，营业总成本总体同步上升，净利润呈现逐年上升的趋势，并且增幅较大，近三年增幅均在40%以上。

3）燕京啤酒财务SWOT分析

（1）优势

①财务风险低

财务风险的含义有狭义与广义之分。狭义的财务风险指的是企业的债务负担，通常用资产负债率这一财务指标来反映。资产负债率越高，则说明财务风险越高。反之则说明财务风险越低。

纵向来看，燕京啤酒的资产负债率长期保持在较低的水平，近十年资产负债率的具体数据如图6-1所示，一直保持在30%左右。

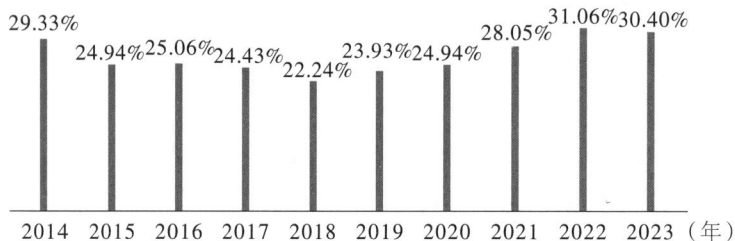

图6-1   燕京啤酒近十年资产负债率

（数据来源：新浪财经）

横向来看，将燕京啤酒与啤酒行业的其他公司（青岛啤酒、重庆啤

---

① 本专题涉及燕京啤酒的相关数据均来自该公司2019—2023年年报。

酒、珠江啤酒）进行对比，近五年各家公司的资产负债率见表6-9，从中可以看出行业内重庆啤酒的资产负债率处于高位水平，财务风险较高；青岛啤酒维持中等水平，在财务风险与杠杆效应之间具有较好的平衡；燕京啤酒与珠江啤酒的资产负债率处于低位水平，并且燕京啤酒相对更低，体现了其经营上较为审慎的特点。但与此同时，也说明其未充分利用杠杆效应。

表6-9　　　　　　　啤酒行业近五年资产负债率比较

公司名称	2023年	2022年	2021年	2020年	2019年
青岛啤酒	42.64%	47.78%	48.90%	48.53%	46.63%
燕京啤酒	30.40%	31.06%	28.05%	24.94%	23.93%
重庆啤酒	70.52%	71.01%	72.87%	83.65%	66.87%
珠江啤酒	30.84%	30.67%	30.88%	30.94%	28.20%

（数据来源：新浪财经）

②收益质量较高

企业获取的利润能否转化为现金流是一个重要的问题。一家企业账面利润很高，但是现金流较为缺乏，说明利润转化为现金流的能力较差，收益质量不高。反之，如果企业的利润转化为现金流的能力较强，则收益质量较高。通常可以用经营活动现金净流量除以净利润的值来衡量收益质量的高低，此处为了更加精确地反映归母净利润的质量，分母使用了归母净利润。啤酒行业典型公司的经营活动现金净流量与归母净利润的比值见表6-10。

表6-10　　　啤酒行业近五年的经营活动现金净流量/归母净利润

公司名称	2023年	2022年	2021年	2020年	2019年
青岛啤酒	0.6508	1.3148	1.9151	2.2502	2.1686
燕京啤酒	2.1837	4.8768	7.1273	7.7925	6.8511
重庆啤酒	2.3170	2.9698	3.0566	3.4264	1.9658
珠江啤酒	1.3139	0.9890	0.9898	1.2097	1.5237

（资料来源：各公司2019—2023年年报）

若经营活动现金净流量与归母净利润的比值超过1，说明利润的现金含量较高，收益质量较高，反之收益质量较低。从表6-10可以看出，在啤酒行业典型公司中，除青岛啤酒2023年该指标小于1以外，其他公司近五年该指标均大于1，说明普遍收益质量较高，但是燕京啤酒的收益质量表现更加突出，其指标远高于其他公司，最高值达到了7.7925。

（2）劣势

燕京啤酒在财务方面的劣势主要表现在以下两个方面。

① 盈利能力较弱

企业的盈利能力从财务上来看，主要是通过毛利率、净利率等一系列指标来体现的。通常使用到的指标包括销售毛利率、销售净利率、总资产报酬率、净资产收益率。销售毛利率为毛利占营业收入的比重，销售净利率为净利润占营业收入的比重，主要反映销售过程的盈利能力强弱。总资产报酬率为息税前利润除以总资产的比值，净资产收益率为净利润除以净资产的比值，用以反映利用一定数额的资产能带来多少利润，体现资产盈利能力的强弱。啤酒行业典型公司近五年盈利能力相关指标见表6-11。

表6-11　　　啤酒行业典型公司近五年盈利能力相关指标

公司名称	财务指标	2023年	2022年	2021年	2020年	2019年
青岛啤酒	销售毛利率	38.66%	36.85%	36.71%	35.33%	38.96%
	销售净利率	12.81%	11.83%	10.79%	8.38%	6.89%
	总资产报酬率	11.58%	10.37%	10.24%	8.27%	7.68%
	净资产收益率	16.12%	15.30%	14.47%	11.13%	9.97%
燕京啤酒	销售毛利率	37.63%	37.44%	38.44%	39.19%	39.06%
	销售净利率	6.01%	4.16%	2.45%	2.61%	2.30%
	总资产报酬率	5.17%	3.57%	2.36%	2.51%	2.36%
	净资产收益率	4.73%	2.63%	1.71%	1.49%	1.76%
重庆啤酒	销售毛利率	49.15%	50.48%	50.94%	47.68%	50.88%
	销售净利率	18.30%	18.43%	18.29%	16.02%	14.91%
	总资产报酬率	27.18%	27.49%	27.97%	21.26%	25.64%
	净资产收益率	67.05%	69.25%	99.69%	45.55%	43.66%
珠江啤酒	销售毛利率	42.82%	42.44%	44.95%	50.19%	46.84%
	销售净利率	11.97%	12.29%	13.83%	13.78%	12.06%
	总资产报酬率	5.47%	5.42%	5.79%	5.80%	5.09%
	净资产收益率	6.39%	6.36%	6.75%	6.53%	5.97%

（数据来源：新浪财经）

通过表6-11可知，从销售毛利率来看，燕京啤酒和青岛啤酒基本持平，但重庆啤酒和珠江啤酒的毛利率相对较高。从销售净利率来看，重庆啤酒最高，珠江啤酒次之，青岛啤酒的销售净利率略高于燕京啤酒，燕京啤酒的销售净利率是所有公司中最低的，与行业水平存在较大差距。总资产报酬率和净资产收益率也呈现出相同的状况。通过上述分析可以发现，燕京啤酒的盈利能力较低，成本费用控制欠佳。

②营运能力不强

加快资产周转是企业经营中的一个永恒话题。资产周转越快，营运能力越强。常见的营运能力指标包括应收账款周转率、存货周转率、总资产周转率。其中，应收账款周转率为营业收入除以应收账款的结果，总资产周转率为营业收入除以总资产的结果，存货周转率是营业成本除以存货的结果。啤酒行业典型公司近五年营运能力相关指标见表6-12。

表6-12　　　　啤酒行业典型公司近五年营运能力相关指标

公司名称	财务指标	2023年	2022年	2021年	2020年	2019年
青岛啤酒	应收账款周转率	309	263	247	205	214
	存货周转率	5.41	5.32	5.64	5.56	5.86
	总资产周转率	0.68	0.66	0.69	0.70	0.78
燕京啤酒	应收账款周转率	72.16	69.60	63.38	50.60	46.85
	存货周转率	2.21	2.05	1.90	1.71	1.80
	总资产周转率	0.68	0.66	0.63	0.60	0.64
重庆啤酒	应收账款周转率	228	161	117	101	121
	存货周转率	3.53	3.43	3.89	4.00	5.64
	总资产周转率	1.19	1.17	1.24	1.07	1.45
珠江啤酒	应收账款周转率	262	268	207	171	224
	存货周转率	1.71	1.64	1.33	1.61	4.36
	总资产周转率	0.38	0.36	0.34	0.34	0.35

（数据来源：新浪财经）

应收账款周转率可以反映企业的账款回收速度。从表6-12可以看出，青岛啤酒的应收账款周转率最高，一年内可以周转309次，周转天数为1.17天，回款速度是最快的。重庆啤酒和珠江啤酒次之，但燕京啤酒的应收账款周转率与其他公司差距非常大，周转天数长达4.99天。

存货周转率可以反映企业库存周转的快慢。由表6-12可知，青岛啤酒的存货周转率最高，始终保持在5.4以上，重庆啤酒的存货周转率次之，燕京啤酒的存货周转率相对较低，珠江啤酒从2020年开始，存货周转率是行业内最低的。

总资产周转率可以反映企业全部资产周转的快慢。通过表6-12的分析，可以看出，重庆啤酒的总资产周转率最高，近五年一直维持在1以上，青岛啤酒和燕京啤酒次之，珠江啤酒的总资产周转率是行业内最低的。

通过上述分析，可以得出，燕京啤酒较低的应收账款周转率影响了其资金回收的速度，同时加大了坏账风险，构成了其经营中的劣势。而存货周转率和总资产周转率同样处于较低的水平，说明该公司的营运能力有待提高，构成了其经营中的劣势。

（3）机会

① 短期偿债能力相对较好

短期偿债能力通常可以用流动比率、速动比率、现金比率等指标来反映。流动比率是流动资产与流动负债的比值，反映企业使用流动资产偿还流动负债的能力。但是并非所有流动资产都具有同等的清偿能力，因此从流动资产中将变现能力较差的资产扣除就形成了速动资产。速动比率是速动资产与流动负债的比值，反映企业使用速动资产偿还流动负债的能力。更进一步地，现金具有最为直接的偿债能力，因而出现现金比率这一指标。啤酒行业典型公司近五年短期偿债能力相关指标见表6-13。

表6-13　啤酒行业典型公司近五年短期偿债能力相关指标

公司名称	财务指标	2023年	2022年	2021年	2020年	2019年
青岛啤酒	流动比率	1.75	1.63	1.59	1.59	1.57
	速动比率	1.54	1.42	1.39	1.38	1.33
	现金比率	1.25	1.04	0.95	1.31	1.26

续表

公司名称	财务指标	2023年	2022年	2021年	2020年	2019年
燕京啤酒	流动比率	1.85	1.73	1.75	1.78	1.68
	速动比率	1.23	1.07	1.02	0.94	0.76
	现金比率	1.15	0.98	0.94	0.85	0.65
重庆啤酒	流动比率	0.67	0.70	0.63	0.53	0.84
	速动比率	0.41	0.44	0.39	0.32	0.61
	现金比率	0.38	0.41	0.36	0.28	0.24
珠江啤酒	流动比率	2.58	2.69	3.23	3.50	2.62
	速动比率	2.07	2.15	2.60	2.65	2.39
	现金比率	2.05	2.12	2.58	2.63	1.70

（数据来源：新浪财经）

从表6-13可以看出，啤酒行业中珠江啤酒的流动比率、速动比率、现金比率各年均处于较高的水平，是所有公司中资产流动性最强的。相反，重庆啤酒的流动比率、速动比率和现金比率近五年均保持在较低的水平。

相比之下，燕京啤酒的流动比率、速动比率和现金比率各年较为稳定，总体来说在同行业内处于较高的水平，体现出其具有较好的短期偿债能力，并且从总体趋势来讲，呈现逐年上升的态势，说明企业在资产流动性管理方面卓有成效。

②近三年增长能力突出

增长能力通常可以通过收入增长率、利润增长率来表现。收入增长率是用营业收入的增长额除以基期营业收入的结果，净利润增长率是用净利润的增长额除以基期净利润的结果。进一步地，为了更好地衡量利润的增长情况，使用扣除非经常性损益后的净利润（简称"扣非净利润"）来分析，因而出现扣非净利润增长率这一指标。此外，为了衡量归属于母公司股东的收益增长情况，设置归母净利润增长率这一指标。啤酒行业典型公司近五年增长能力的相关指标见表6-14。

表6-14　　啤酒行业典型公司近五年增长能力相关指标

公司名称	财务指标	2023年	2022年	2021年	2020年	2019年
青岛啤酒	营业收入（亿元）	339.37	321.72	301.67	277.60	279.84
	营业收入增长率（%）	5.49	6.65	8.67	-0.80	5.30
	净利润（亿元）	43.48	38.05	32.56	23.27	19.29
	净利润增长率（%）	14.28	16.84	39.93	20.62	23.58
	扣非净利润（亿元）	37.21	32.09	22.07	18.16	13.47
	扣非净利润增长率（%）	15.94	45.43	21.54	34.79	27.83
	归母净利润（亿元）	42.68	37.11	31.56	22.01	18.52
	归母净利润增长率（%）	15.02	17.59	43.34	18.86	30.23
燕京啤酒	营业收入（亿元）	142.13	132.02	119.61	109.28	114.68
	营业收入增长率（%）	7.66	10.38	9.45	-4.71	1.10
	净利润（亿元）	8.55	5.49	2.93	2.85	2.64
	净利润增长率（%）	55.69	87.51	2.80	8.12	17.61
	扣非净利润（亿元）	5.00	2.72	1.72	1.56	1.88
	扣非净利润增长率（%）	84.23	58.32	10.15	-17.33	26.94
	归母净利润（亿元）	6.45	3.52	2.28	1.97	2.30
	归母净利润增长率（%）	83.02	54.49	15.82	-14.32	27.76
重庆啤酒	营业收入（亿元）	148.15	140.39	131.19	109.42	102.12
	营业收入增长率（%）	5.53	7.01	19.90	7.14	194.53
	净利润（亿元）	27.12	25.87	23.99	17.52	15.23
	净利润增长率（%）	4.82	7.83	36.91	15.04	261.58
	扣非净利润（亿元）	13.14	12.34	11.43	4.74	4.43
	扣非净利润增长率（%）	6.45	8.00	141.30	6.97	25.11
	归母净利润（亿元）	13.37	12.64	11.66	10.77	10.43
	归母净利润增长率（%）	5.78	8.35	8.30	3.26	158.15

续表

公司名称	财务指标	2023年	2022年	2021年	2020年	2019年
珠江啤酒	营业收入（亿元）	53.78	49.28	45.38	42.49	42.44
	营业收入增长率（%）	9.13	8.60	6.79	0.13	5.06
	净利润（亿元）	6.44	6.06	6.27	5.86	5.12
	净利润增长率（%）	6.26	-3.48	7.12	14.42	35.00
	扣非净利润（亿元）	5.57	5.32	4.99	5.23	3.61
	扣非净利润增长率（%）	4.63	6.62	-4.61	45.07	173.34
	归母净利润（亿元）	6.24	5.98	6.11	5.69	4.98
	归母净利润增长率（%）	4.22	-2.11	7.36	14.43	35.77

（数据来源：新浪财经）

从表6-14可以看出，2020年对于整个行业来说是一个转折点，除青岛啤酒扣非净利润增长率出现增长外，其他公司均在2020年出现收入增长率和利润增长率的双双下降，甚至出现负增长。2021年回归增长态势，但整个行业相继进入增速放缓阶段。其中，重庆啤酒2021年扣非净利润跳水式增长，从4.74亿元增长到11.43亿元，增长率高达141.3%，之后又进入低增长模式。珠江啤酒2023年营业收入增长率高于同行业其他公司，达到9.13%。但从收入绝对值来看，青岛啤酒的营业收入规模各年都是最大的，充分说明了其在啤酒行业的领头羊地位。

相比之下，燕京啤酒近三年总体表现较为亮眼。2021年营业收入增长率、扣非净利润增长率、归母净利润增长率这三个指标均从负转为正，但净利润增长率出现下降态势。其中营业收入增长率从2020年-4.71%提升至2021年的9.45%；扣非净利润增长率从2020年的-17.33%提升至2021年的10.15%；归母净利润增长率从2020年的-14.32%提升至2021年的15.82%；但净利润增长率从8.12%下滑至2.80%。

2022年继续保持稳步增长的趋势，营业收入增长率为10.38%，净利润增长率高达87.51%，扣非净利润增长率达到58.32%，归母净利润增长率为 54.49%。2023 年营业收入增长率出现一定的下滑，下降至 7.66%；但净利润和扣非净利润仍然保持高速增长，净利润增长率为 55.69%，扣非净利润增长率高达 84.23%，归母净利润增长率高达 83.02%。可见，燕京啤酒近三年的增长势头非常旺盛，有望通过高增长来实现收入、利润绝对值的提高。

（4）威胁

①成本费用控制欠佳

一家企业的成本费用控制对于提高企业利润具有至关重要的作用，通常可以用成本费用率、期间费用率等指标加以衡量。成本费用率是成本费用占营业收入的比重，期间费用率是期间费用（销售费用、管理费用、财务费用）占营业收入的比重。上述比率越低，说明成本费用管控越好。反之则反。啤酒行业典型公司近五年的成本费用率与期间费用率见表 6-15。

表6-15 **啤酒行业典型公司近五年成本费用率与期间费用率**

公司名称	财务指标	2023年	2022年	2021年	2020年	2019年
青岛啤酒	成本费用率	78.34%	79.48%	81.67%	81.89%	84.27%
	期间费用率	17.00%	16.33%	18.39%	17.22%	23.23%
燕京啤酒	成本费用率	83.67%	84.48%	85.62%	84.39%	84.86%
	期间费用率	21.30%	21.91%	24.06%	23.58%	23.92%
重庆啤酒	成本费用率	70.88%	69.50%	69.75%	76.76%	76.97%
	期间费用率	20.03%	19.98%	20.69%	24.44%	27.85%
珠江啤酒	成本费用率	76.42%	74.84%	73.56%	71.04%	74.52%
	期间费用率	19.24%	17.27%	18.51%	21.22%	21.35%

（数据来源：新浪财经）

由表 6-15 可知，就成本费用率而言，重庆啤酒、珠江啤酒的成本费用率相对较低，处于 80% 以下。青岛啤酒除 2022 年和 2023 年以外均高于 80%。燕京啤酒的成本费用率各年均在 80% 以上，2021 年甚至高达 85.62%，说明燕京啤酒的成本压力较大。就期间费用率而言，青岛啤酒的期间费用率从2020年开始降低到20%以下，是所有公司中最低的。珠江啤酒则是从2021年将其期间费用率降低到20%以下。重庆啤酒和燕京啤酒的期间费用率相对较高，各年均处于20%以上，说明燕京啤酒在期间费用方面有较大的压缩空间，否则会对利润产生吞噬。

②存货周转慢

制造业企业从购买原材料开始，到生产领用材料，投入人工和制造费用，生产完工入库形成库存商品，通过销售换回现金，这一周期越多越好，企业经营的目标就是要加快存货周转，提高资产的流动性。存货周转率和存货周转期是反映存货周转快慢的两个指标，周转率越高，周转期就越短。啤酒行业典型公司近五年存货周转相关指标见表6-16。

表6-16　　**啤酒行业典型公司近五年存货周转相关指标**

公司名称	财务指标	2023年	2022年	2021年	2020年	2019年
青岛啤酒	存货周转率（次）	5.41	5.32	5.64	5.56	5.86
	存货周转天数（天）	66.51	67.73	63.87	70.33	61.47
燕京啤酒	存货周转率（次）	2.21	2.05	1.90	1.71	1.80
	存货周转天数（天）	162.54	175.49	189.19	209.96	200.49
重庆啤酒	存货周转率（次）	3.53	3.43	3.89	4.00	5.64
	存货周转天数（天）	101.94	104.94	92.49	59.45	60.44
珠江啤酒	存货周转率（次）	1.71	1.64	1.33	1.61	4.36
	存货周转天数（天）	211.12	219.66	270.11	223.13	82.63

（数据来源：新浪财经）

观察表6-16可以看出，青岛啤酒的存货周转率最高，始终保持在5.3以上，存货周转期最短，周转一次不超过70.33天。重庆啤酒的存货周转率次之，燕京啤酒的存货周转率虽然呈现出逐年提高的趋势，但在行业内仍然处于较低的水平，珠江啤酒自2020年开始，存货周转率成为行业内最低的。

由此可见，燕京啤酒的存货周转率虽然不是行业内最低的，但是同样处于较低的范围，存货周转速度偏慢，长此以往，存货积压的风险将会增大，管理成本不断提高，不利于营业收入的增加，进而影响利润的提高和业绩的提升，对企业经营构成了一定的威胁。

6.3 财务数据可视化分析

大数据时代已经来临，每人每天都在产生大量数据，数据存储的单位也在不断发生变化，从 MB、GB 到 TB、PB，甚至 EB、PB。数据从类型上而言，可以分为结构化数据、非结构化数据以及半结构化数据。例如，财务数据属于结构化数据，图片、视频、音频等属于非结构化数据，网页等属于半结构化数据。海量数据中更多的是非结构化数据。

数据本身并不能创造价值，但是对数据加以分析，据以发现问题作出决策，从而产生其商业价值。例如，大数据分析中有一个著名的经典案例"啤酒与尿布"。沃尔玛在对销售数据进行分析时发现一个有趣的现象，买尿布的人通常都会买啤酒，可能是照顾小孩非常疲惫希望通过喝啤酒犒劳一下自己。于是，啤酒与尿布这两个风马牛不相及的物品放在一起销售，结果销量双双增加。通过这个例子可以看出，在大量的数据中，挖掘变量之间的关系，会得出新的结论，从而使数据变成有用的信息，辅助人们作出成功的决策。

在海量数据中，财务数据占有重要的地位，对于企业发展和战略制定具有至关重要的作用。因此，如何对财务数据进行可视化智能分析是一个有意义的话题。数据可视化分析具有多种途径，本专题主要介绍如何利用 Power BI 工具展开财务数据的可视化智能分析。

Power BI 是微软公司推出的一种商业智能分析工具，进入 Power BI 官网，可以看到产品模块包括 Power BI Desktop、Power BI Pro、Power BI Premium、Power BI 移动版、Power BI Embedded、Power BI 报表服务器。所有产品都可以申请免费试用。

其中，Power BI Desktop 可以免费下载，操作较为简单，可以利用可视化分析创建内容丰富的交互式报表。安装语言选择中文后，进入如图 6-2 所示的界面。

图6-2　Power BI界面

该界面可以分为三部分，最上面为菜单栏，下面左侧区域为视图，右侧区域为报表编辑器。

视图分为报表视图、数据视图和关系视图。报表视图的初始状态是一个空白画布，可以插入图像、文本框、柱形图、切片器等多种可视化对象；数据视图用于呈现已导入的各数据表；关系视图用于呈现各数据表之间的关系。

报表编辑器由筛选器、可视化、字段三个窗格组成。筛选器主要用于字段的具体选择。可视化窗格提供了各种工具，除常规的折线图、柱状图、条形图外，还有切片器、卡片图、漏斗图、瀑布图、树状图、环形图、着色地图、气泡图等。字段窗格主要用于显示已导入的数据表以新建度量值。

6.3.1　财务数据可视化分析的关键步骤

Power BI提供了自助式服务，使用拖拉拽的方式即可实现自助式分析，使人人都可成为数据分析师。使用Power BI Desktop进行可视化分析前：

首先，需要进行数据清洗，明确分析对象，对数据进行必要的处理，为后续建立表间关联奠定基础。

其次，导入数据，并通过Power Query编辑器对数据进行编辑，常见的操作包括删除行列、合并查询、追加查询、透视列、逆透视列、转置、合并列等，例如通过逆透视列可以实现从二维表向一维表的转换，便于进一步分析；最后，进入关系视图，建立各表之间的关联，为后续数据联动奠定基础。

Power BI中的数据表分为事实表和维度表两类，事实表数据量较大，维度表数据量较小。例如资产负债表、利润表能够提供若干年度的数据，属于事实表，而年度表则属于维度表。Power BI内置许多功能强大的函数，例如求和函数SUM、计算函数CALCULATE，使分析人员无须具备编程基础即可上手。

Power BI的一个特色是度量值，它相当于一个虚拟的字段，不改变源数据，不改变数据模型，在数据交互时使用。导入的数据表中通常无须包含合计行，而是通过新建度量值来建立一个新的变量。例如资产负债表中资产合计、负债合计、所有者权益合计等无须在表中单列，而是可以新建度量值"资产合计""负债合计""所有者权益合计"，通过建立函数来赋值，使得变量调取更加方便。

最后，在空白画布上添加各项可视化工具，通过不同的字段和值的设置，来呈现可视化的结果，直观而清晰，并通过不同的可视化工具更加直接精准地发现问题。

6.3.2　贵州百灵财务数据可视化分析

以贵州百灵为例，通过巨潮资讯网，搜索下载其2015—2019年的资产负债表、利润表、现金流量表，分别进行可视化分析。

1）整理资产负债表

打开Excel格式的资产负债表，修改第一列标题为"报表项目"，删除表中的标题行和合计行，包括流动资产、流动资产合计、非流动资产、非流动资产合计、资产总计、流动负债、流动负债合计、负债合计、所有者权益、归属于母公司股东权益合计、所有者权益合计、负债和所有者权益总计。此外删除"应收票据及应收账款""应付票据及应付账款"等行次，以免数据重复。

此外，左侧添加"BS类别1""BS类别2"，分别对每一个报表项目添加类别。其中，BS类别1为资产、负债、所有者权益3个大的类别，BS类别2为流动资产、非流动资产、流动负债、非流动负债、所有者权益5个小的类别。整理后的资产负债表见表6-17。

表6-17　　　　　　　　　　　　贵州百灵2015—2019年资产负债表数据

单位：元

BS类别1	BS类别2	报表项目	2019年	2018年	2017年	2016年	2015年
资产	流动资产	货币资金	1 136 888 409.98	545 546 011.66	1 000 141 181.09	1 217 387 315.70	960 788 371.08
资产	流动资产	交易性金融资产	0	0	0	0	0
资产	流动资产	衍生金融资产	0	0	0	0	0
资产	流动资产	应收票据	0	750 526 394.03	674 498 380.75	562 869 278.41	716 471 630.82
资产	流动资产	应收账款	1 553 654 698.65	1 589 928 760.42	958 626 427.76	654 936 935.44	439 895 073.39
资产	流动资产	应收款项融资	642 994 050.29	0	0	0	0
资产	流动资产	预付款项	12 2557 508.09	143 085 758.72	115 786 261.32	63 636 777.26	86 079 957.80
资产	流动资产	应收利息	0	10 481 233.10	15 437 303.33	12 012 845.19	12 148 657.36
资产	流动资产	应收股利	0	0	0	0	0
资产	流动资产	其他应收款	114 433 805.95	80 845 014.34	55 765 092.88	19 810 680.22	58 186 240.29
资产	流动资产	买入返售金融资产	0	0	0	0	0
资产	流动资产	存货	1 006 947 090.65	869 084 707.64	826 102 802.70	680 386 281.80	632 314 435.89
资产	流动资产	划分为持有待售的资产	0	0	0	0	0

续表

BS 类别 1	BS 类别 2	报表项目	2019 年	2018 年	2017 年	2016 年	2015 年
资产	流动资产	一年内到期的非流动资产	0	0	0	0	0
资产	流动资产	待摊费用	0	0	0	0	0
资产	流动资产	待处理流动资产损溢	0	0	0	0	0
资产	流动资产	其他流动资产	4 289 816.84	6 579 898.02	3 117 188.27	0	0
资产	非流动资产	发放贷款及垫款	0	0	0	0	0
	非流动资产	债权投资	0	0	0	0	0
资产	非流动资产	可供出售金融资产	0	113 842 366.06	88 842 366.06	8 842 366.06	8 842 366.06
资产	非流动资产	其他债权投资	0	0	0	0	0
资产	非流动资产	持有至到期投资	0	0	0	0	0
资产	非流动资产	长期应收款	0	0	0	0	0
资产	非流动资产	长期股权投资	1 056 283 876.94	722 495 657.29	0	0	0
资产	非流动资产	其他权益工具投资	0	0	0	0	0

续表

BS类别1	BS类别2	报表项目	2019年	2018年	2017年	2016年	2015年
资产	非流动资产	其他非流动金融资产	203 721 882.58				0
资产	非流动资产	投资性房地产	33 196 669.52	36 020 792.11	39 171 192.79	42 321 593.47	45 471 994.15
资产	非流动资产	在建工程	10 887 492.16	48 206 627.69	3 225 301.13	49 828 889.25	22 909 984.78
资产	非流动资产	工程物资	0	0	0	0	0
资产	非流动资产	固定资产净额	704 435 961.52	684 137 449.16	696 262 206.92	604 601 696.77	585 602 005.71
资产	非流动资产	固定资产清理	0	0	0	0	0
资产	非流动资产	生产性生物资产	19 149 613.41	16 496 838.59	19 325 741.76	21 356 698.72	24 917 031.29
资产	非流动资产	公益性生物资产	0	0	0	0	0
资产	非流动资产	油气资产	0	0	0	0	0
资产	非流动资产	使用权资产	0	0	0	0	0
资产	非流动资产	无形资产	185 047 277.34	157 575 032.36	166 045 569.95	168 464 928.94	178 706 285.37
资产	非流动资产	开发支出	134 562 073.61	113 908 856.89	98 407 403.60	70 033 560.28	20 118 067.83
资产	非流动资产	商誉	20 583 856.73	20 583 856.73	20 583 856.73	20 583 856.73	20 583 856.73

续表

BS类别1	BS类别2	报表项目	2019年	2018年	2017年	2016年	2015年
资产	非流动资产	长期待摊费用	63 160 904.80	41 535 564.78	22 730 236.13	22 744 128.65	14 350 362.26
资产	非流动资产	递延所得税资产	32 123 172.09	25 419 669.11	18 602 736.72	16 138 639.32	14 126 688.74
资产	非流动资产	其他非流动资产	14 000 000.00	0	0	0	0
负债	流动负债	短期借款	2 201 918 726.39	1 581 600 000.00	861 600 000.00	801 600 000.00	751 600 000.00
负债	流动负债	交易性金融负债	0	0	0	0	0
负债	流动负债	应付票据	81 912 612.87	50 000 000.00	0	0	0
负债	流动负债	应付账款	161 889 666.56	143 329 175.66	248 171 882.30	178 123 270.52	157 784 434.27
负债	流动负债	预收款项	50 905 783.58	34 841 269.01	83 849 141.87	56 623 319.69	58 139 064.59
负债	流动负债	应付手续费及佣金	0	0	0	0	0
负债	流动负债	应付职工薪酬	13 977 819.61	15 005 713.60	21 042 369.49	18 546 390.89	15 493 606.16
负债	流动负债	应交税费	56 863 089.24	147 696 511.17	83 624 206.83	33 173 644.53	84 814 277.22
负债	流动负债	应付利息	0	0	0	0	0
负债	流动负债	应付股利	1 169 158.71	0	0	0	0
负债	流动负债	其他应付款	90 049 447.75	50 080 781.86	26 386 421.12	42 329 194.75	52 361 743.97

续表

BS 类别 1	BS 类别 2	报表项目	2019 年	2018 年	2017 年	2016 年	2015 年
负债	流动负债	一年内到期的非流动负债	10 012 500.00	0	0	0	0
负债	流动负债	其他流动负债	0	0	0	0	1 869 825.57
负债	非流动负债	长期借款	212 850 729.17	0	0	0	0
负债	非流动负债	应付债券	0	0	0	0	0
负债	非流动负债	租赁负债	0	0	0	0	0
负债	非流动负债	长期应付职工薪酬	0	0	0	0	0
负债	非流动负债	长期应付款	0	0	0	0	0
负债	非流动负债	专项应付款	0	0	0	0	0
负债	非流动负债	预计负债	0	0	0	0	0
负债	非流动负债	递延收益	13 492 672.68	13 738 972.68	13 402 206.03	20 680 056.30	16 788 357.67
负债	非流动负债	递延所得税负债	19 100 427.95	15 258 551.20	17 398 601.92	19 538 652.64	21 685 739.11
负债	非流动负债	其他非流动负债	0	0	0	0	0

续表

BS 类别 1	BS 类别 2	报表项目（或股本）	2019 年	2018 年	2017 年	2016 年	2015 年
负债	所有者权益	实收资本（或股本）	1 411 200 000.00	1 411 200 000.00	1 411 200 000.00	1 411 200 000.00	1 411 200 000.00
负债	所有者权益	资本公积	135 921 784.42	135 921 784.42	135 921 784.42	150 966 155.62	145 576 155.62
负债	所有者权益	减：库存股	0	0	0	0	0
负债	所有者权益	其他综合收益	36 682.61	0	0	0	0
负债	所有者权益	专项储备	0	0	0	0	0
所有者权益	所有者权益	盈余公积	328 475 567.48	305 134 340.71	255 182 162.00	208 401 445.71	161 399 155.30
所有者权益	所有者权益	一般风险准备	0	0	0	0	0
所有者权益	所有者权益	未分配利润	2 184 908 801.52	2 017 893 745.71	1 617 503 038.82	1 251 042 394.15	928 613 587.44
所有者权益	所有者权益	少数股东权益	84 232 690.61	54 599 642.68	47 389 435.09	43 731 947.41	34 187 062.63

（资料来源：贵州百灵 2015—2019 年年报）

2）建立维度表

为了便于后续按年度以及分类进行分析，新建两个 Excel 表，分别是年度表和资产负债表分类，如图6-3、图6-4所示。

	A
1	年度
2	2015
3	2016
4	2017
5	2018
6	2019

图6-3　年度表

	A	B
1	BS类别1	BS类别2
2	资产	流动资产
3	资产	非流动资产
4	负债	流动负债
5	负债	非流动负债
6	所有者权益	所有者权益

图6-4　资产负债表分类

至此，我们形成了两个维度表和一个事实表（即资产负债表）。

3）资产负债表可视化

（1）数据导入

打开 Power BI Desktop，点击"获取数据"，选择 Excel，分别将两个维度表和一个事实表导入。

（2）数据转换

点击"主页"——"转换数据"，进入"Power Query"编辑器，左侧"查询"列表会出现已经导入的三个 Excel 表，分别进行编辑。首先点击资产负债表，出现如图6-5所示界面。

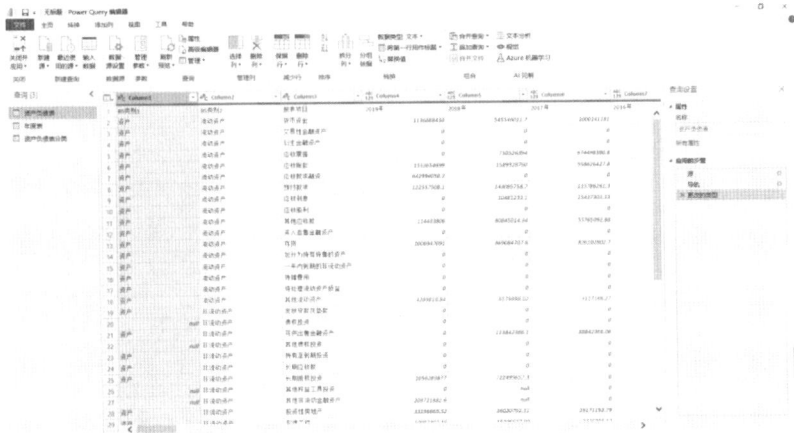

图6-5　编辑器界面1

点击左侧的 ⊞ 图标，在下拉菜单中选择"将第一行用作标题"，界面如图6-6所示。

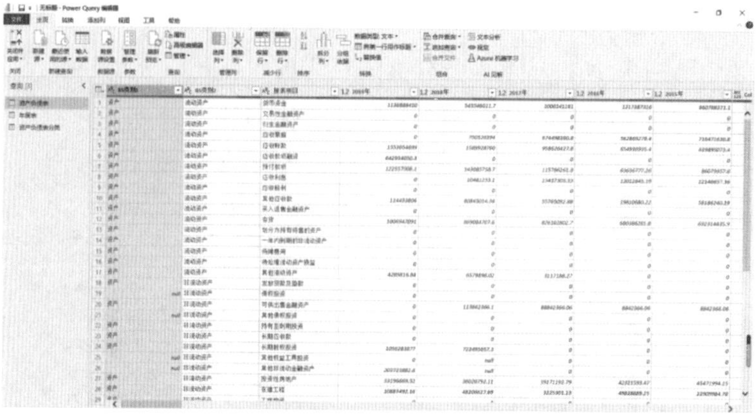

图6-6 编辑器界面2

但是我们会看到此时的表为二维表，需要转换为一维表，具体操作：点击菜单栏中的"转换"——"逆透视列"。选中前三列，即"BS类别1""BS类别2""报表项目"，点击"逆透视其他列"，出现结果如图6-7所示，每一个报表项目都同时列出5年的数据。

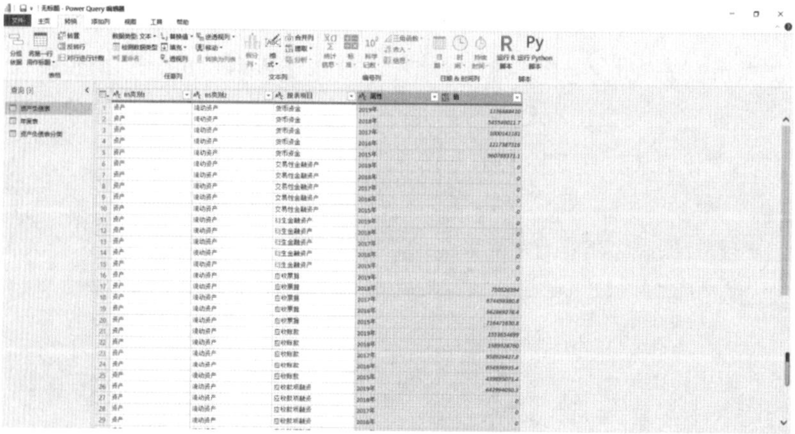

图6-7 编辑器界面3

资产负债表中"属性"列标题重命名为"年度"，"值"列标题重命名为"金额"。

维度表"资产负债表分类"按照同样的操作"将第一行用作标题"。维度表"年度表"无须进行转换。然后点击"文件"——"关闭并应用"。

（3）建立数据关系

建立数据关系是可视化分析中最为关键的一步，需要建立事实表与维度表之间的关联。点击左侧的 ▦ 图标，即可看到已经导入并编辑好的三个数据表，包括事实表"资产负债表"和两个维度表"年度表"和"资产负债表分类"。资产负债表与年度表通过"年度"这个共同的字段建立关联，资产负债表与资产负债表分类通过"BS类别"来建立关联。通过在各表间拖拽相同的字段即可建立数据关系，如图6-8所示。

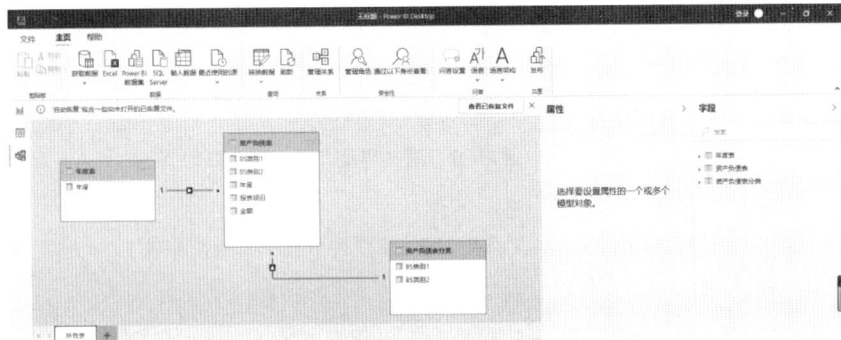

图6-8　数据关系界面

（4）绘制可视化分析画布

点击左侧 ▦ 图标，即可进入一个空白的画布，右侧提供了许多可视化的工具。

第一步，我们插入公司的logo。点击"插入"——"图像"，贵州百灵的logo便出现在了画布上，点击四周边框可以调整图片大小。

第二步，插入公司简称"贵州百灵"。点击"插入"——"文本框"，选择字体、字号，调整文本框至合适位置。

第三步，插入"切片器"。点击右侧可视化工具中的 ▦ 图标，将字段区域中的"年度"拖拽到可视化区域中的"字段"处，并点击向下的箭头，点击"列表"，出现图6-9所示界面。

调整格式以及切片器的大小，方向修改为"水平"。

（5）新建度量值

为了清晰地显示贵州百灵2015—2019年各年的资产合计、负债合计、所有者权益合计，在画布中插入"卡片图"。关键的一步是新建度量值，按照如下公式新建如下几个度量值。

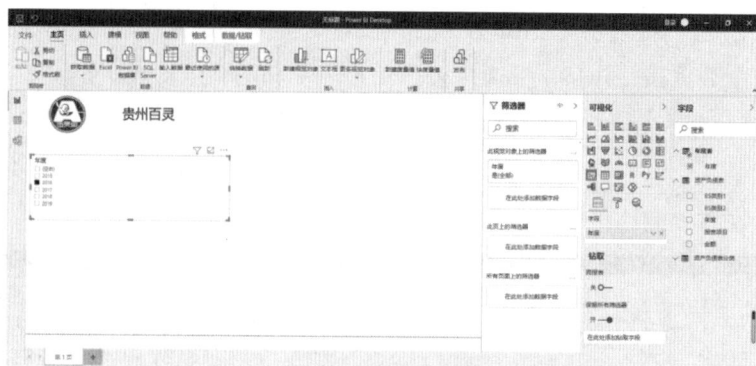

图6-9 画布界面

报表金额=SUM（'资产负债表'［金额］）

资产合计=CALCULATE（'资产负债表'［报表金额］，'资产负债表'［BS类别1］="资产"）

负债合计 = CALCULATE（'资产负债表'［报表金额］，'资产负债表'［BS类别1］="负债"）

所有者权益合计 = CALCULATE（'资产负债表'［报表金额］，'资产负债表'［BS类别1］="所有者权益"）

点击卡片图图标，拖动"资产合计"至"字段"处，即可出现五年的资产合计数。同理插入负债、所有者权益的卡片图，如图6-10中的左侧区域。点击环形图，拖拽"BS类别2"至"图例"处，拖拽"报表金额"至"值"处，在"筛选器"中选择流动资产与非流动资产，即可生成流动资产与非流动资产对比图，调整标题为"流动资产与非流动资产"。同理可以生成流动负债与非流动负债的分布图，从中可以清晰地看到资产结构和负债结构。此外，为了分析公司的资本结构，可以通过饼图来体现负债与所有者权益的占比，通过折线图可以看出贵州百灵的资产总额呈现逐年上升的趋势。

4）利润表可视化

整理贵州百灵近五年利润表数据形成Excel文件，导入Power BI，通过"主页"——"转换数据"，将二维表转换为一维表，并修改标题，如图6-11所示。

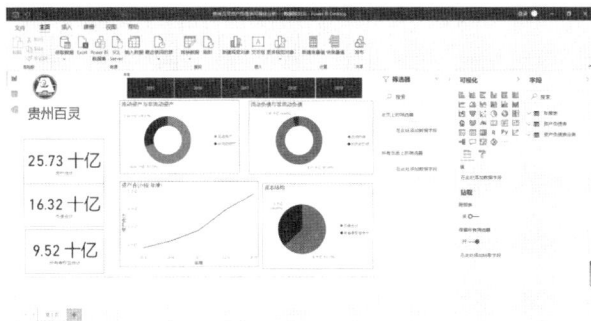

图6-10　资产负债表可视化界面

图6-11　一维表界面

对维度表"年度表"和事实表"利润表"建立数据关系。进而，在利润表中新建度量值，具体公式如下：

营业利润 = CALCULATE（SUM（'利润表'［金额］），'利润表'［报表项目］="三、营业利润"）

利润总额 = CALCULATE（SUM（'利润表'［金额］），'利润表'［报表项目］="四、利润总额"）

净利润 = CALCULATE（SUM（'利润表'［金额］），'利润表'［报表项目］="五、净利润"）

管理费用 = CALCULATE（SUM（'利润表'［金额］），'利润表'［报表项目］=
"管理费用"）

销售费用 = CALCULATE（SUM（'利润表'［金额］），'利润表'［报表项目］=
"销售费用"）

财务费用 = CALCULATE（SUM（'利润表'［金额］），'利润表'［报表项目］=
"财务费用"）

通过卡片图清晰地反映贵州百灵近五年的营业利润、利润总额及净利
润。此外，为了反映三大期间费用的占比，通过环形图予以展示，可见三
大费用中销售费用占比最大，这也体现了医药企业的行业特征。折线图清
晰地反映出了2015—2019年贵州百灵的利润总额趋势，其中2015—2018
年逐年上涨，2019年大幅下降。以"年度"为"轴"，以"营业总收入"
"营业总成本""营业利润"为"值"，可以生成柱形图，反映出贵州百灵
五年内的经营趋势。贵州百灵利润表可视化分析如图6-12所示。

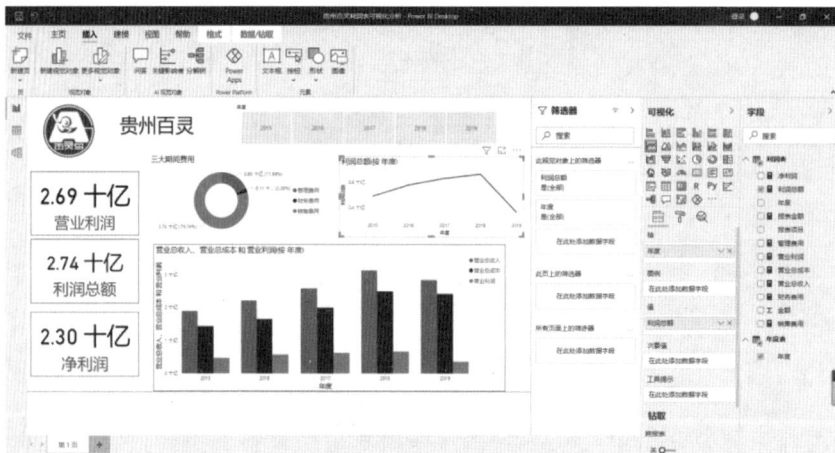

图6-12　利润表可视化界面

5）现金流量表可视化分析

首先，对贵州百灵近五年现金流量表Excel文件进行整理，删除标
题行"经营活动现金流量""投资活动现金流量""筹资活动现金流
量"，添加两列"CF类别1""CF类别2"，见表6-18。"CF类别1"指的
是经营活动、投资活动、筹资活动及其他；"CF类别2"指的是现金流
入、现金流出及其他。三大活动的现金流入小计、现金流出小计、现金
流量净额均分类为其他。

表6-18　贵州百灵2015—2019年现金流量表数据

单位：元

CF 类别 1	CF 类别 2	报表项目	2019年	2018年	2017年	2016年	2015年
经营活动	现金流入	销售商品、提供劳务收到的现金	3 033 564 844.00	2 413 236 065.00	2 222 058 625.00	2 238 501 527.00	1 767 702 107.00
经营活动	现金流入	收到的税费返还	0	0	0	0	0
经营活动	现金流入	收到其他与经营活动有关的现金	130 059 794.60	87 151 310.76	45 614 105.14	47 119 654.63	72 873 095.93
经营活动	其他	经营活动现金流入小计	3 163 624 639.00	2 500 387 376.00	2 267 672 730.00	2 285 621 181.00	1 840 575 203.00
经营活动	现金流出	购买商品、接受劳务支付的现金	886 328 870.30	982 893 903.70	736 722 091.80	652 897 375.90	414 499 893.50
经营活动	现金流出	支付给职工以及为职工支付的现金	370 823 269.90	345 543 681.90	294 501 780.40	253 328 753.10	215 803 843.50
经营活动	现金流出	支付的各项税费	475 826 491.10	432 043 495.80	393 968 882.30	418 701 579.40	394 388 665.70
经营活动	现金流出	支付其他与经营活动有关的现金	963 232 179.50	897 351 646.60	762 595 726.30	494 077 993.20	402 654 058.00

续表

CF 类别 1	CF 类别 2	报表项目	2019 年	2018 年	2017 年	2016 年	2015 年
其他	其他	经营活动现金流出小计	2 696 210 811.00	2 657 832 728.00	2 187 788 481.00	1 819 005 702.00	1 427 346 461.00
其他	其他	经营活动产生的现金流量净额	467 413 827.90	−157 445 352.00	79 884 249.34	466 615 479.60	413 228 742.10
投资活动	现金流入	收回投资收到的现金	0	0	0	0	103 945 555.60
投资活动	现金流入	取得投资收益收到的现金	329 749.10	2 119 877.12	2 119 877.12	3 028 395.89	3 028 395.89
投资活动	现金流入	处置固定资产、无形资产和其他长期资产收回的现金净额	0	224 000.00	4 788 808.00	112 275.60	44 800.00
投资活动	现金流入	处置子公司及其他营业单位收到的现金净额	0	0	0	0	0

续表

CF类别1	CF类别2	报表项目	2019年	2018年	2017年	2016年	2015年
其他	其他	收到其他与投资活动有关的现金	2 157 790 000.00	0	2 724 441.15	3 913 250.00	2 350 000.00
投资活动	现金流入	投资活动现金流入小计	2 158 119 749.00	2 343 877.12	9 633 126.27	7 053 921.49	109 368 751.40
投资活动	现金流出	购建固定资产、无形资产和其他长期资产支付的现金	121 905 738.50	129 014 011.70	144 682 947.60	159 336 309.40	121 044 028.10
投资活动	现金流出	投资支付的现金	465 115 251.20	732 593 366.70	80 000 000.00	0	0
投资活动	现金流出	取得子公司及其他营业单位支付的现金净额	0	0	0	0	0
投资活动	现金流出	支付其他与投资活动有关的现金	2 105 600 000.00	0	0	0	0
其他	其他	投资活动现金流出小计	2 692 620 990.00	861 607 378.40	224 682 947.60	159 336 309.40	121 044 028.10

续表

CF类别1	CF类别2	报表项目	2019年	2018年	2017年	2016年	2015年
其他	其他	投资活动产生的现金流量净额	−534 501 240.60	−859 263 501.30	−215 049 821.30	−152 282 387.90	−11 675 276.62
筹资活动	现金流入	吸收投资收到的现金	0	0	2 720 000.00	11 000 000.00	11 000 000.00
筹资活动	现金流入	其中：子公司吸收少数股东投资收到的现金	0	0	2 720 000.00	11 000 000.00	11 000 000.00
筹资活动	现金流入	取得借款收到的现金	2 421 600 000.00	1 581 600 000.00	1 034 000 000.00	846 600 000.00	751 600 000.00
筹资活动	现金流入	发行债券收到的现金	0	0	0	0	0
其他	其他	收到其他与筹资活动有关的现金	0	0	23 364 672.00	27 861 648.00	23 978 544.00
其他	其他	筹资活动现金流入小计	2 421 600 000.00	1 581 600 000.00	1 060 084 672.00	885 461 648.00	786 578 544.00

续表

CF类别 1	CF类别 2	报表项目	2019年	2018年	2017年	2016年	2015年
筹资活动	现金流出	偿还债务支付的现金	1 581 600 000.00	861 600 000.00	974 000 000.00	796 600 000.00	751 600 000.00
筹资活动	现金流出	分配股利、利润或偿付利息支付的现金	215 792 407.00	157 886 316.20	148 165 234.60	146 595 795.10	137 528 432.20
筹资活动	现金流出	其中：子公司支付给少数股东的股利、利润	1 000 000.00	0	0	0	0
筹资活动	现金流出	支付其他与筹资活动有关的现金	0	0	20 000 000.00	0	0
其他	其他	筹资活动现金流出小计	1 797 392 407.00	1 019 486 316.00	1 142 165 235.00	943 195 795.10	889 128 432.20
其他	其他	筹资活动产生的现金流量净额	624 207 593.00	562 113 683.90	−82 080 562.64	−57 734 147.12	−102 549 888.20

续表

CF 类别 1	CF 类别 2	报表项目	2019 年	2018 年	2017 年	2016 年	2015 年
其他	其他	四、汇率变动对现金及现金等价物的影响	−5 078.19	0	0	0	0
其他	其他	五、现金及现金等价物净增加额	557 115 102.10	−454 595 169.40	−217 246 134.60	256 598 944.60	299 003 577.30
其他	其他	加：期初现金及现金等价物余额	545 546 011.70	1 000 141 181.00	1 217 387 316.00	960 788 371.10	661 784 793.80
其他	其他	六、期末现金及现金等价物余额	1 102 661 114.00	545 546 011.70	1 000 141 181.00	1 217 387 316.00	960 788 371.10

（资料来源：贵州百灵 2015—2019 年年报）

新建一个维度表"现金流量表分类",见表6-19。

表6-19　　　　　　　　　维度表——现金流量表分类

CF 类别 1	CF 类别 2
经营活动	现金流入
经营活动	现金流出
投资活动	现金流入
投资活动	现金流出
筹资活动	现金流入
筹资活动	现金流出
其他	其他

将整理后的现金流量表 Excel 文件导入 Power BI,通过"主页"——"转换数据",将二维表转换为一维表,并修改标题。对事实表"现金流量表"、维度表"年度表""现金流量表分类"建立数据关系,如图6-13所示。

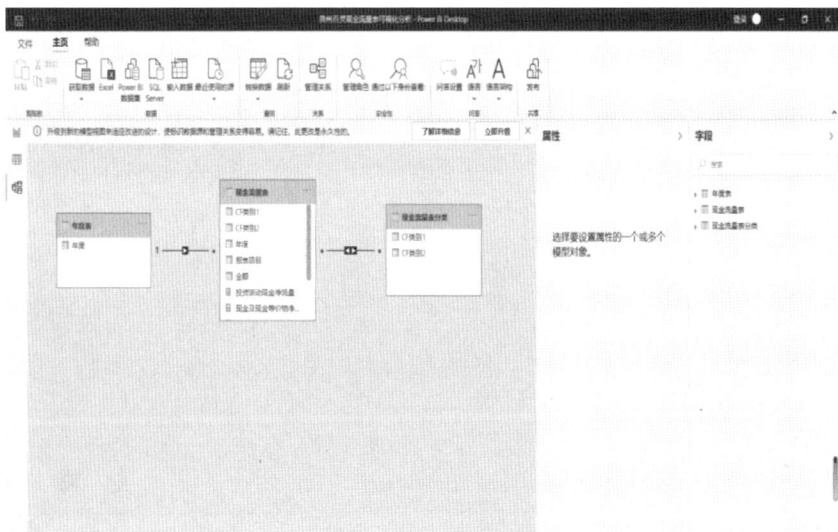

图6-13　数据关系

返回报表模式,在现金流量表中新建度量值,主要使用SUM公式和CALCULATE公式。

通过卡片图清晰地反映贵州百灵 2015—2019 年三大活动现金流量净额。通过饼图反映贵州百灵三大活动分布对现金流入和现金流出的贡献。此外，通过折线图清晰地反映贵州百灵五年内现金及现金等价物净增加额的变动趋势，其中 2016 年小幅下降，但仍为正数，表现为净增加，2017 年、2018 年降幅明显，由正转负，表现为净减少，2019 年扭转趋势，实现净增加。贵州百灵现金流量表可视化分析结果如图 6-14 所示。

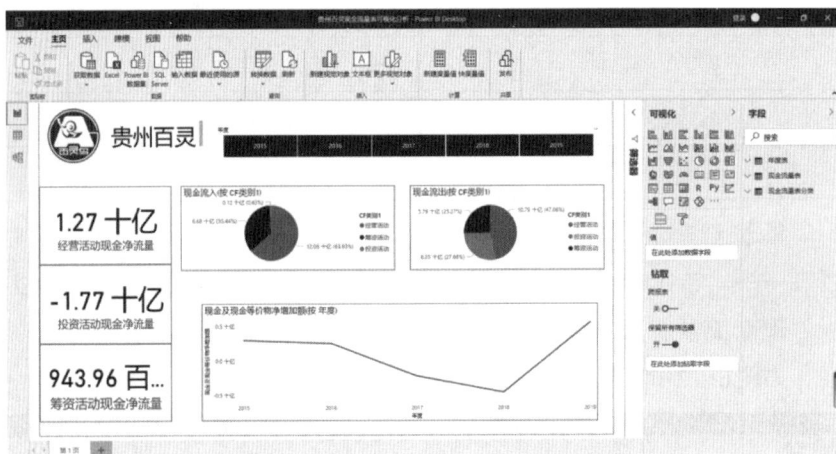

图 6-14　现金流量表可视化界面

7 法规篇

《会计改革与发展"十四五"规划纲要》指出"十三五"时期是会计改革与发展推陈出新、成果丰硕、具有重要意义的五年，会计法治建设成效显著，企业会计标准持续完善。

"十四五"时期是会计工作实现高质量发展的关键时期，会计作为宏观经济管理和市场资源配置的基础性工作，在我国全面深化改革和深度融入经济全球化的进程中，面临难得的发展机遇，同时也面临着诸多挑战。

同时指出"十四五"时期要使会计法治更具约束刚性。推动加快修订《中华人民共和国会计法》（以下简称会计法）、以数字化技术为支撑，以推动会计审计工作数字化转型为抓手，形成对内提升单位管理水平和风险管控能力、对外服务财政管理和宏观经济治理的会计职能拓展新格局。

7.1 会计法的修订

会计法是我国会计领域的根本大法，是规范会计工作的基础性法律。我国会计法从1985年制定发布，历经1993年、1999年、2017年、2024年四次修改。最新一次修订于2024年6月28日第十四届全国人民代表大会常务委员会第十次会议通过，自2024年7月1日起施行。

1）会计法的历次修订

1985年，会计法的制定，标志着我国会计工作从此走上了法治化轨道，对指导和推动我国会计事业发展产生了深远影响：一是确立了"统一领导、分级管理"的会计管理体制，为会计工作有序开展提供了重要组织保证；二是确立了会计工作和会计人员在经济管理中的地位和作用，为会计工作发挥作用创造了有利条件；三是确立了单位内部监督、社会监督、政府监督"三位一体"的会计监督体系，为规范会计行为、强化会计监督提供了重要保障。

1993年，会计法的第一次修改，主要解决以下问题：一是确立了会计工作在发展社会主义市场经济中的地位和作用；二是适应所有制改革的要求，将会计法的适用范围扩大到全社会会计工作；三是适应电子计算机应用和信息技术的发展，对会计电算化作出了相应规定。

1999年，会计法的第二次修改，在结构、内容以及监管机制等方面都更加完善：一是突出了规范会计行为、保证会计资料质量的立法宗旨；二是单位负责人的责任更加明确；三是进一步完善了会计核算规则，对公司、企业会计核算作出了特别规定；四是强化了会计监督制度；五是增加了会计从业资格管理制度方面的内容，引导和督促会计人员依法做好会计工作；六是加大了对会计违法行为的惩治力度。

2017年，会计法的第三次修改，删除了关于从事会计工作的人员必须取得会计从业资格证书等规定，对会计人员应当具备从事会计工作所需要的专业能力并遵守职业道德、违法会计人员五年内不得从事会计工作或者不得再从事会计工作等作出了规定。此次修改的会计法，强调由各单位自主择优聘用具备专业能力的会计人员，引导会计人员依法从业、遵守职业道德和持续保持专业胜任能力。

2024年，会计法的第四次修改，保持现行基本制度不变，重点解决会计工作中的突出问题，进一步加强财会监督，加大对会计违法行为的处罚力度，切实提高会计信息质量，更好维护社会公共利益。

2）会计法的最新修订内容

（1）首次将信息化写入会计法

新会计法首次将信息化写入。2021年财政部制定了会计信息化领域的第一部五年规划——《会计信息化发展规划（2021—2025年）》。回顾信息化的历程，2010年，财政部会同国家标准委发布了《可扩展商业报告语言（XBRL）技术规范》，2010年以来，财政部制定发布了《企业会计准则通用分类标准》和相关行业扩展分类标准，开展电子凭证会计数据标准试点。2022年，财政部会同人民银行、国资委等5部门，组织32家上市公司、7家会计师事务所、7家金融机构及有关第三方数字化平台，探索应用银行函证数据标准。2013年，财政部印发《企业会计信息化工作规范》，2015年，会同国家档案局修订了《会计档案管理办法》，首次提出了电子会计档案的管理要求，为电子会计档案的推广实施提供了保障。2020年，财政部、国家档案局印发《关于规范电子会计凭证报销入账归档的通知》，从制度层面认可了电子会计凭证的有效性。通过建设注册会计师行业统一监管平台、全国代理记账行业监管服务平台、全国会计人员统一服务管理平台，塑强平台服务，推动会计管理工作数字化转型。

（2）凸显国家统一会计制度的刚性约束

新会计法对原第十条和第二十五条会计核算的有关规定进行了整合，删除了第二十条公司、企业会计核算的有关规定。加强企业会计准则制度建设实施、提升企业会计信息质量是服务我国经济高质量发展的必然要求，是服务财会监督职能的重要基础。党的二十大报告指出，推进高水平对外开放，稳步扩大规则、规制、管理、标准等制度型开放。推动企业会计准则制度建设实施工作、提升企业会计信息质量，是稳步扩大制度型开放、推进高水平对外开放的有力支撑。

（3）健全完善新时代会计工作组织方式

新会计法对第三十六条第一款进行了修改，除设置会计机构或在有关机构中设置会计岗位、委托经批准设立的代理记账机构外，允许以国务院财政部门规定的其他方式组织会计工作。

目前，会计工作的组织方式形式多样，多数行政事业单位、大中型企业、社会团体等单位，都设置了专门负责办理本单位会计业务事项的会计机构，如财务部（处、科、股）、会计部、计财部、财会部等；部分体量较小的单位，受机构编制或业务规模所限，往往选择将会计业务事项并入其他职能部门，相应配备会计人员并指定会计主管人员，或者委托经批准设立的中介机构进行代理记账。

此外，也有一些单位为了满足新时代深化改革、转型升级的政策要求和实践需要，积极探索出企业集团财务共享服务、行政事业单位集中核算、村级会计委托代理服务等新型会计工作组织方式。

（4）首次将内部控制写入会计法

新会计法在第二十五条中提出"各单位应当建立、健全本单位内部会计监督制度，并将其纳入本单位内部控制制度"，这既为各单位建立健全内部控制体系提供了坚实的法律基础，也有助于提高单位内部管理水平，加强廉政风险防控机制建设，推进国家治理体系和治理能力现代化。

目前，我国制定出台了一系列内部控制制度。2008年，财政部、证监会、审计署、银监会、保监会联合发布《企业内部控制基本规范》。2012年，财政部发布《行政事业单位内部控制规范（试行）》。2015年，财政部出台《关于全面推进行政事业单位内部控制建设的指导意见》。2017年，财政部印发《行政事业单位内部控制报告管理制度（试行）》。2023年，财政部会同国家卫生健康委、国家医保局和国家中医药局印发《关于进一步加强公立医院内部控制建设的指导意见》。2017年，财政部印发《小企业内部控制规范（试行）》。2021年，财政部联合证监会印发《关于深交所主板与中小板合并后原中小板上市公司实施企业内部控制规范体系的通知》。2023年，财政部联合证监会印发《关于强化上市公司及拟上市企业内部控制建设推进内部控制评价和审计的通知》。

按照新会计法的要求，单位应建立健全内部控制"制订完善—推动实施—监督评价—成果应用"的闭环管理机制，不断提升内部控制规范体系的实施效果。

（5）加大了对财务造假等会计违法行为的法律责任追究力度

新会计法与注册会计师法、证券法等有关法律的处罚标准相衔接，加大了对财务造假等会计违法行为的法律责任追究力度，为防范遏制财务造假等会计违法行为提供了有力法治保障。

新会计法遵循"过罚相当"原则，根据违法行为情节轻重设置罚款金额的幅度区间，大幅提高处罚力度。

提高不依法设置会计账簿、随意变更会计处理方法等一般会计违法行为的罚款金额上限，由五万元提高至一百万元。

提高伪造、变造会计凭证、会计账簿以及编制虚假财务会计报告等财务造假违法行为的罚款金额上限，由十万元修改为"违法所得一倍以上十倍以下"。

加大法律责任追究力度是贯彻落实党中央、国务院关于加强财会监督工作决策部署的必然要求，是有效防范遏制财务造假、维护社会主义市场经济秩序的现实需要，是加强会计法与其他法律处罚标准相衔接、维护公平正义的具体举措。

（6）首次将信用记录写入会计法

2023 年 1 月，财政部印发《会计人员职业道德规范》，提出以"坚持诚信、守法奉公""坚持准则、守责敬业""坚持学习、守正创新"（以下简称"三坚三守"）为核心表述的职业道德要求。

"诚信者，天下之结也。"会计诚信建设关系到市场经济的平稳运行，是一项长期性、系统性的工程。新会计法的出台为会计诚信体系建设奠定了坚实基础。

7.2　会计基础工作规范的修订

会计基础工作规范的修订是贯彻落实新会计法的重要举措。我国首次将会计信息化写入会计法，在会计法第八条提出"国家加强会计信息化建设，鼓励依法采用现代信息技术开展会计工作"。

会计基础工作规范是加快推动会计工作数字化转型的必然要求。随着大数据、人工智能、移动互联、云计算、物联网、区块链等现代信息技术创新迭代速度加快，积极主动运用新技术推动会计工作数字化转型，是会计工作高质量发展的必然要求。通过修订会计基础工作规范，为单位提供会计信息化理念、技术、方法等方面的指导，有利于加快推动会计工作数字化转型。

会计基础工作规范是完善会计信息化制度体系的现实需要。近年来，财政部会同相关部门相继开展了电子发票电子化报销、入账、归档试点，电子凭证会计数据标准试点等工作，取得积极成效，这些试点成果的推广应用，需要通过在制度建设层面修订规范进一步加强保障。

与原规范相比，主要修订内容如下：一是完善内部会计监督的内容，增加"财政监督检查"一章；二是根据会计法等相关法规，补充和完善相关内容；三是根据会计实务发展，增加电子凭证、电子账簿以及单位信息化管理等内容；四是调整框架结构，将手工记账等内容从正文调整为附件，会计工作交接的规定位置上发生变化。

【小贴士】　　　　　　　什么是全电发票？

全面数字化的电子发票（以下简称全电发票）是与纸质发票具有同等法律效力的全新发票，不以纸质形式存在，不用介质支撑，无须申请领用、发票验旧及申请增版增量。纸质发票的票面信息全面数字化，将多个票种集成归并为电子发票单一票种，全电发票实行全国统一赋码、自动流转交付。

（资料来源：国家税务总局海南省税务局. 什么是全电发票？[EB/OL]. [2022-08-24]. https://hainan.chinatax.gov.cn/gzcy_2_4/24141960.html）

7.3　会计信息化工作规范的修订

为贯彻落实《中华人民共和国会计法》的有关要求，规范数字经济环境下的会计工作，推动会计信息化健康发展，根据《会计改革与发展"十四五"规划纲要》《会计信息化发展规划（2021—2025年）》，对《企业会计信息化工作规范》（财会〔2013〕20号）进行修订，2024年7月26日，修订后的《会计信息化工作规范》正式发布。

1）基本概念

会计信息化，是指单位利用现代信息技术手段和数字基础设施开展会计核算，以及利用现代信息技术手段和数字基础设施将会计核算与其他经营管理活动有机结合的过程。

会计软件，是指单位使用的专门用于会计核算、财务管理的应用软件或者其功能模块。会计软件具有以下基本功能：①为会计核算、财务管理直接采集数据；②生成会计凭证、账簿、报表等会计资料；③对会计资料进行存储、转换、输出、分析、利用。

会计软件服务，是指会计软件服务商提供的通用会计软件开发、个性化需求开发、软件系统部署与维护、云服务功能使用订阅、用户使用培训及相关的数据分析等服务。

会计信息系统，是指会计软件及其软硬件运行环境。

电子会计凭证，是指以电子形式生成、传输并存储的各类会计凭证，包括电子原始凭证、电子记账凭证。电子原始凭证可由单位内部生成，也可从外部接收。

2）主要变化

与原规范相比，主要修订内容如下：一是扩大了适用范围。扩大至各类型单位。二是系统规范了单位会计信息化建设的内容。从目标设定、资源投入、体系建设等方面全面规范。三是明确了会计数据处理要求和电子会计资料的法律效力。电子会计资料与纸质会计资料具有同等法律效力。四是强化了会计信息化安全。明确数据各个环节的风险防范。五是加强了会计信息化监督。明确了监督、检查、责任追究等内容。

7.4 企业数据资源相关会计处理暂行规定

2023年8月21日财政部发布《企业数据资源相关会计处理暂行规定》，要求根据数据资源的持有目的、形成方式、业务模式，以及与数据资源有关的经济利益的预期消耗方式等，对数据资源相关交易和事项进行会计确认、计量和报告。

1）数据资源的确认与计量

根据《企业数据资源相关会计处理暂行规定》，数据资源从持有目的来看主要可以确认为两种模式：无形资产或存货。

（1）确认为无形资产的数据资源

数据资源符合无形资产准则规定的定义和确认条件的，应当确认为无形资产。

通过外购方式取得确认为无形资产的数据资源，其成本包括购买价款、相关税费，直接归属于使该项无形资产达到预定用途所发生的数据脱敏、清洗、标注、整合、分析、可视化等加工过程所发生的有关支出，以及数据权属鉴证、质量评估、登记结算、安全管理等费用。

企业内部数据资源研究开发项目的支出，应当区分研究阶段支出与开发阶段支出。研究阶段的支出费用化，计入当期损益；开发阶段的支出符合条件的资本化，不符合条件的费用化。

（2）确认为存货的数据资源

企业日常活动中持有、最终用于出售的数据资源，符合存货准则规定的定义和确认条件的，应当确认为存货。

通过外购方式取得确认为存货的数据资源，其采购成本包括购买价款、相关税费、保险费，以及数据权属鉴证、质量评估、登记结算、安全管理等所发生的其他可归属于存货采购成本的费用。

企业通过数据加工取得确认为存货的数据资源，其成本包括采购成本，数据采集、脱敏、清洗、标注、整合、分析、可视化等加工成本和使存货达到目前场所和状态所发生的其他支出。

2）数据资源的披露

企业在编制资产负债表时，应当根据重要性原则并结合本企业的实际情况，在"存货"项目下增设"其中：数据资源"项目，反映资产负债表日确认为存货的数据资源的期末账面价值；在"无形资产"项目下增设"其中：数据资源"项目，反映资产负债表日确认为无形资产的数据资源的期末账面价值；在"开发支出"项目下增设"其中：数据资源"项目，反映资产负债表日正在进行数据资源研究开发项目满足资本化条件的支出金额。

3）数据资产的概念及特征

2023年9月8日，在财政部指导下，中国资产评估协会发布了《数据资产评估指导意见》，为数据资产的评估实务提供了指引。

《数据资产评估指导意见》对数据资产作出了界定，指出数据资产，是指特定主体合法拥有或者控制的，能进行货币计量的，且能带来直接或者间接经济利益的数据资源。

数据资产具有非实体性、依托性、可共享性、可加工性、价值易变性等特征。非实体性是指数据资产无实物形态，虽然需要依托实物载体，但决定数据资产价值的是数据本身。依托性是指数据资产必须存储在一定的介质里，介质的种类包括磁盘、光盘等。可共享性是指在权限可控的前提下，数据资产可以被复制，能够被多个主体共享和应用。可加工性是指数据资产可以通过更新、分析、挖掘等处理方式，改变其状态及形态。价值易变性是指数据资产的价值易发生变化，其价值随应用场景、用户数量、使用频率等的变化而变化。

4）数据资产的价值评估方法

执行数据资产评估业务，需要关注影响数据资产价值的成本因素、场景因素、市场因素和质量因素。

成本因素包括形成数据资产所涉及的前期费用、直接成本、间接成本、机会成本和相关税费等。

场景因素包括数据资产相应的使用范围、应用场景、商业模式、市场前景、财务预测和应用风险等。

市场因素包括与数据资产相关的主要交易市场、市场活跃程度、市场参与者和市场供求关系等。

质量因素包括数据的准确性、一致性、完整性、规范性、时效性和可访问性等。

数据资产价值的评估方法包括收益法、成本法和市场法三种基本方法及其衍生方法。

5）数据资源入表实践

数据资源相关会计处理暂行规定发布后，陆续出现了上市公司将数据资源入表的情形。

例如，中国移动2024年半年报显示，无形资产为466.22亿元，其中：数据资源2 900万元；开发支出为23.19亿元，其中：数据资源4 100万元。

惠同新材作为半年报中首家披露数据资源入表情况的上市公司，将数据资源列示在存货，计入金额为0.87亿元，占总资产的比例高达22.12%。

7.5 碳排放权交易有关会计处理暂行规定

为配合我国碳排放权交易的开展，规范碳排放权交易相关的会计处理，财政部于2019年12月16日发布《碳排放权交易有关会计处理暂行规定》（以下简称"暂行规定"），要求重点排放企业开展碳排放权交易应当按照本规定进行会计处理。

1）科目设置

暂行规定发布前，征求意见稿中建议针对碳排放权设置资产科目和负债科目，分别是"1105碳排放权"科目和"2204应付碳排放权"科目。暂行规定在科目设置和账务处理上更加简化。

暂行规定指出，通过购入方式取得碳排放权配额的，应当在购买日将取得的碳排放权配额确认为碳排放权资产，应当设置"1489碳排放权资产"科目，并按照成本进行计量。通过政府免费分配等方式无偿取得碳排放权配额的，不作账务处理。

2）账务处理

（1）碳排放权资产的取得

重点排放企业购入碳排放权配额的，按照购买日实际支付或应付的价款（包括交易手续费等相关税费），借记"碳排放权资产"科目，贷记"银行存款""其他应付款"等科目。

（2）履约

重点排放企业使用购入的碳排放权配额履约（履行减排义务）的，按照所使用配额的账面余额，借记"营业外支出"科目，贷记"碳排放权资产"科目。

（3）出售碳排放权配额

外购的碳排放权配额予以出售时，差额计入营业外收支。无偿取得的碳排放权配额出售时，产生营业外收入。

3）碳排放权的列示和披露

"碳排放权资产"科目的借方余额在资产负债表中的"其他流动资产"项目列示，并在附注中披露列示"其他流动资产"项目中的碳排放权配额的期末账面价值，"营业外收入"项目和"营业外支出"项目中的碳排放权配额交易的相关金额。

此外，还应披露如下信息：①与碳排放权交易相关的信息，包括参与减排机制的特征、碳排放战略、节能减排措施等；②碳排放权配额的具体来源，包括配额取得方式、取得年度、用途、结转原因等；③节能减排或超额排放情况，包括免费分配取得的碳排放权配额与同期实际排放量有关数据的对比情况、节能减排或超额排放的原因等；④碳排放权配额变动情况。

4）碳排放权资产披露实践

潜江永安药业股份有限公司（以下简称"永安药业"），位于湖北省，主要从事的是化学制药行业，企业主要的业务是对牛磺酸、保健食品、减水剂等产品的生产、研发、销售，其中牛磺酸为公司的主导产品，也是主要的收入来源，企业在生产过程中产生的化学物质是其中一个重要的碳排放源。

永安药业自2020年1月1日起执行《碳排放权交易有关会计处理暂行规定》。该公司2020年年报中列示"碳排放权"项目下的期初余额为671 911.98元，并按要求列示了碳排放权配额变动情况，见表7-1。

表7-1　　　　永安药业2020年碳排放权配额变动情况表

项　目	数量（吨）	金额（元）
1.本期期初碳排放权配额	25 203.00	671 911.98
2.本期增加的碳排放权配额	21 153.00	596 174.66
（1）免费分配取得的配额		
（2）购入取得的配额	21 153.00	596 174.66
3.本期减少的碳排放权配额	46 356.00	1 268 086.64
（1）履约使用的配额	46 356.00	1 268 086.64
（2）出售的配额		
4.本期期末碳排放权配额	0	0

（资料来源：永安药业2020年年报）

7.6 知识产权会计信息披露规定

为加强企业知识产权管理，规范企业知识产权相关会计信息披露，财政部会同国家知识产权局于2018年11月5日发布《知识产权会计信息披露规定》。

1）适用范围

《知识产权会计信息披露规定》适用于确认为无形资产和未确认为无形资产的知识产品。

2）披露内容

（1）确认为无形资产的知识产权的披露

对确认为无形资产的知识产权，应当按照类别（专利权、商标权、著作权、其他等）披露账面原值、累计摊销、减值准备、账面价值。

对于使用寿命有限的无形资产，企业应当披露其使用寿命的估计情况及摊销方法；对于使用寿命不确定的无形资产，企业应当披露其账面价值及使用寿命不确定的判断依据。无形资产的摊销期、摊销方法或残值若发生变更，应披露变更的内容、原因以及对当期和未来期间的影响数。此外，企业应当单独披露对企业财务报表具有重要影响的单项无形资产的内容、账面价值和剩余摊销期限。企业应当披露所有权或使用权受到限制的无形资产的账面价值、当期摊销额等情况。

（2）未确认为无形资产的知识产权的披露

未确认为无形资产的知识产权，企业可以自愿披露知识产权的应用情况、相关影响及风险，处于申请状态的信息、失效的信息等。

主要参考文献

[1] 中国会计准则委员会. 财务报告概念框架 [M]. 北京：中国财政经济出版社，2019.

[2] 汪刚. 财会与商业大数据可视化智能分析 [M]. 北京：清华大学出版社，2019.

[3] 周红，王建新，张铁铸. 国际会计准则 [M]. 大连：东北财经大学出版社，2008.

[4] 任忠文. 区块链：领导干部读本 [M]. 北京：人民日报出版社，2019.

[5] 黄世忠. 会计的十大悖论与改进 [J]. 财务与会计，2019 (10)：4-11.

[6] 李立成，李逸. XBRL 应用中存在的问题、成因与对策 [J]. 财会月刊，2022 (3)：86-92.

[7] 潘定，薛咏. 演化博弈视角下 XBRL 技术采纳的监管策略研究 [J]. 运筹与管理，2021，30 (12)：172-178.

[8] 高廷帆，陈甬军. 区块链技术如何影响审计的未来——一个技术创新与产业生命周期视角 [J]. 审计研究，2019 (2)：3-10.

[9] 谢晓晨. 区块链技术未来在会计领域的应用——或将发展复式记账法 [J]. 中国农业会计，2019 (1)：79-81.

[10] 袁广达，郭译文. 区块链技术在会计领域中的应用探析 [J]. 财务与会计，2019 (6)：73-74.

[11] 吴勇，周才力，何长添，等. 基于区块链技术的审计模式变革研究——一个整合性分析框架 [J]. 中国注册会计师，2019 (3)：85-91.

［12］ 程平，王立宇. 国内外区块链技术发展与大会计应用动态研究［J］. 会计之友，2020（6）：143-149.

［13］ 乔鹏程，马锦. 区块链下的企业财务管理变革研究［J］. 西藏民族大学学报（哲学社会科学版），2020，41（5）：109-115；128.

［14］ 敬志勇，尹佳佳. "区块链+会计"应用研究——基于德勤 Rubix 平台的分析［J］. 会计之友，2020（9）：149-154.

［15］ 陆建桥. 国际财务报告准则2018年发展成效与未来展望［J］. 财务与会计，2019（2）：7-13.

［16］ 林钟高，吴利娟. 会计准则制定模式：原则导向抑或规则导向［J］. 财经理论与实践，2003，24（9）：65-70.

［17］ SMITH S S，CASTONGUAY J J. Blockchain and Accounting Governance：Emerging Issues and Considerations for Accounting and Assurance Professionals［J］. Journal of Emerging Technologies in Accounting，2020，17（1）：119-131.

［18］ LIU M L，WU K，XU J J.How Will Blockchain Technology Impact Auditing and Accounting：Permissionless versus Permissioned Blockchain［J］. Current Issues in Auditing，2019，13（2）：19-29.

［19］ 财政部会计司. 贯彻落实党和国家路线方针政策 发挥会计服务经济社会发展作用——新会计法系列解读之一［EB/OL］.［2024-07-19］. http：//kjs.mof.gov.cn/zhengcejiedu/202407/t20240712_3939304.htm.

［20］ 财政部会计司. 加快推进会计工作数字化转型 开辟会计信息化高质量发展新局面——新会计法系列解读之二［EB/OL］.［2024-07-22］. http：//kjs.mof.gov.cn/zhengcejiedu/202407/t20240719_3939860.htm.

［21］ 财政部会计司. 加强企业会计准则制度建设实施工作 持续提升企业会计信息质量——新会计法系列解读之三［EB/OL］.［2024-07-29］. http：//kjs.mof.gov.cn/zhengcejiedu/202407/t20240726_3940476.htm.